重点用能单位能源计量管理实务

陈松涛　谢　晋　齐梅梅　著

吉林科学技术出版社

图书在版编目（CIP）数据

重点用能单位能源计量管理实务 / 陈松涛，谢晋，齐梅梅著. -- 长春 : 吉林科学技术出版社，2024.5

ISBN 978-7-5744-1326-9

Ⅰ. ①重… Ⅱ. ①陈… ②谢… ③齐… Ⅲ. ①能源管理—计量管理 Ⅳ. ①F206

中国国家版本馆 CIP 数据核字 (2024) 第 092877 号

重点用能单位能源计量管理实务

著　陈松涛　谢　晋　齐梅梅
出版人　宛　霞
责任编辑　袁　芳
封面设计　树人教育
制　　版　树人教育
幅面尺寸　185mm × 260mm
开　　本　16
字　　数　250 千字
印　　张　11.625
印　　数　1~1500 册
版　　次　2024 年 5 月第 1 版
印　　次　2024 年10月第 1 次印刷

出　　版　吉林科学技术出版社
发　　行　吉林科学技术出版社
地　　址　长春市福祉大路5788 号出版大厦A 座
邮　　编　130118
发行部电话/传真　0431-81629529 81629530 81629531
81629532 81629533 81629534
储运部电话　0431-86059116
编辑部电话　0431-81629510
印　　刷　廊坊市印艺阁数字科技有限公司

书　　号　ISBN 978-7-5744-1326-9
定　　价　75.00元

前 言

能源是国家经济和社会发展的重要物质基础。进入21世纪以来，我国经济的飞速发展的同时伴随对能源需求的高速增长，全国一次能源消费总量已由2000年的14.6亿吨标准煤迅速增长到2022年的54.1亿吨标准煤。巨大的能源消费总量给能源供应、环境保护以及国际气候谈判带来了巨大的压力。为此，我国大力推进节能减排，把节约资源和环境保护作为基本国策并严格落实。尤其是“十一五”以来，节能力度不断加强，《中华人民共和国国民经济和社会发展第十四个五年规划和2035年远景目标纲要》中确定将“单位国内生产总值能源消耗降低13.5%和二氧化碳排放降低18%”的指标列入“十四五”期间经济社会发展的主要目标，国务院发布的《“十四五”节能减排综合工作方案》进一步明确“到2025年，全国单位国内生产总值能源消耗比2020年下降13.5%，能源消费总量得到合理控制，化学需氧量、氨氮、氮氧化物、挥发性有机物排放总量比2020年分别下降8%、8%、10%以上。节能减排政策机制更加健全，重点行业能源利用效率和主要污染物排放控制水平基本达到国际先进水平，经济社会发展绿色转型取得显著成效”。

工业领域是我国能源消费的最主要领域，能源消费总量占全国总体消费量的65%左右，也是节能降碳的主要领域之一。能源计量工作是用能单位加强能源管理、提高能源管理水平的重要基础；是企业贯彻执行国家节能法规、政策、标准，合理用能，优化能源结构，提高能源利用效率，提高经济效益和市场竞争力的重要保证；是国家依法实施节能监督管理，评价企业能源利用状况的重要依据。重点用能单位抓好能源计量工作不仅能够优化企业能源计量管理，提高能源利用效率，降低生产成本，增强产品竞争力，也能树立企业良好形象，为实现“双碳”目标做出贡献。

随着我国对节能减排工作的不断推进，重点用能单位能源计量管理意识不断增强，但仍有大部分企业在能源计量管理制度建立和落实上存在薄弱环节。基于此，我们编写了《重点用能单位能源计量管理实务》一书，结合重点用能单位能源计量工作实际，从能源计量基础知识、能源计量的法治要求、能源计量器具、重点用能单位能源计量管理、企业最高计量标准建立的条件要求和建立企业最高计量标准涉及的技术问题六个方面进行了详细论述。通过理论讲解和实际案例，指导重点用能单位建立和完善能源计量管理制度体系文件，实施科学合理的能源计量管理。希望本书的出版能够进一步提高重点用能单位能源计量管理水平，合理配备能源计量器具，科学应用能源计量数据的能力，有效提升能源利用效率。

本书由河北省计量检测技术中心李同波担任技术顾问，陈松涛、谢晋、齐梅梅共同撰写完成。具体撰写分工如下：陈松涛负责完成了第四章（共计 ×× 万字）；谢晋负责完成了第一、二章（共计 ×× 万字）；齐梅梅主要完成第三章（共计 ×× 万字）。全书由陈松涛统稿完成。

本书在撰写过程中，笔者参考和借鉴了部分国内的相关专著和理论研究成果，在此，向其作者致以诚挚的谢意。同时，由于笔者能力有限、时间仓促，书中难免有疏漏与不妥之处，敬请各位专家和广大读者批评指正。

目　录

第一章　能源计量基础知识……1

第一节　能源的概念……1
第二节　能源计量的范围……12
第三节　能源计量的作用……15

第二章　能源计量的法治要求……17

第一节　能源计量监督与管理……17
第二节　节能监管……18
第三节　法制计量……21
第四节　计量检定机构……22
第五节　能源计量的法治要求……24
第六节　能源计量涉及的法律责任……35

第三章　能源计量器具……37

第一节　流量计……37
第二节　电能计量设备……63
第三节　衡器……68
第四节　量热仪……86
第五节　压力计量器具……91
第六节　温度计量器具……97
第七节　光效计量……111

第四章　重点用能单位能源计量管理……128

第一节　能源计量术语和定义……128
第二节　能源计量管理……132

第三节　能源计量人员 ······ 146
第四节　能源计量器具 ······ 153

参考文献 ······ 179

第一章　能源计量基础知识

第一节　能源的概念

一、能源的定义

能源是能够产生各种能量的资源总称，它是自然界中能够直接或通过转换提供某种形式能量的物质资源，即提供能量的来源。它包含在一定条件下能够提供某种形式的能的物质或物质的运动，也指可以从其获得热、光或动力等形式的能的资源。例如煤、石油、天然气等矿物质就是提供能量的物质，水流、风流、海浪、潮汐等主要是一种物质运动，太阳能、地热能等是提供资源和运动的结合。

二、能源的分类

从能源的基本概念中可知，能量是能源的根本属性，能源是提供能量的来源。能源的分类有多种形式，通常情况下对能源的分类有以下七种形式。

（一）按能源的形态、特性或转换和利用的层次进行分类

这种分类方式是国际上推荐的能源分类方式，将能源分为化石燃料、水能、核能、电能、太阳能、生物质能、风能、海洋能、地热能等。

化石燃料又称矿物燃料，包括固体、液体和气体燃料。它们分别是古代植物和低等动物的遗体在缺氧的条件下，经高温高压作用和漫长的地质年代演变而成的。

水能也称水力，是天然水流能量的总称，通常专指陆地上江河湖泊中的水流能量。自然界的水因受重力作用而具有位能，因不断流动而具有动能。水流能量的大小取决于流量和落差这两个因素。水能属于可再生能源，它的优势是价廉、清洁，可用于发电或直接驱动机械做功，是可再生能源中利用历史最长、技术最成熟、应用最经济也最广泛的一种能源。

核能包括重核的裂变能和轻核的聚变能。重核的裂变能是指铀、钚等重元素的原子核发生链式裂变核反应时所释放出的巨大能量。氢核的聚变能是指轻原子核（如氘和氚）结合成较重原子核（如氦）时放出巨大能量。

电能，又称电力，是以电磁场为载体，以光速传播的一种优质能源。目前主要由一次能源通过电磁感应转换而成，也可通过燃料电池由氢气、煤气、天然气、甲醇等燃料的化学能直接转换而成，或利用光伏效应由太阳能直接转换而成。目前世界上主要发电形式为火力发电、水力发电、核能发电、太阳能发电和风力发电。

太阳能是指太阳内部高温核聚变所释放的辐射能。太阳能是一种清洁的、可持久供应的自然能源，资源量非常巨大，被大气层吸收和地球表面截获的太阳能约有相当于 12 × 1013kW 的能量，为目前全世界能源消费总量的 20000 倍。太阳能可转换为热能、机械能、电能、化学能等加以利用，例如直接热利用、热发电或通过电池发电等。

生物质能源于生物质，生物质指一切有生命的可以生长的有机物质，包括动物、植物和微生物。动物要以植物为生，而植物则通过光合作用将太阳能转化为化学能而储存在生物质内。可作为能源利用的生物质主要包括木材及森林工业废弃物、农作物及其废弃物、水生植物、城市和工业有机废弃物、动物粪便等。

风能是由于太阳辐射造成地球各部分受热不均匀，引起大气层中的压力不平衡而使空气运动形成风所携带的能量，它是太阳能的一种转化形式。风能是一种可再生的清洁能源，其储量大、分布广，但能量密度低，并且不稳定，是一种间歇性的自然能。

海洋能是指蕴藏在海洋中的可再生能源，包括潮汐能、波浪能、潮流能（海流能）、海洋温差能和海水盐差能等。其中前三种是机械能，海洋温差能是热能，海水盐差能是渗透压能。潮汐能和潮流能主要来源于月球的引力，其他都是直接或间接源于太阳的辐射能。海洋是巨大的能源宝库，海洋能的特点是能量密度低、总蕴藏量大，能在同一地点进行综合利用。

地热能是储存于地球内部的岩石和流体中的热能。它是驱动地球内部一切热过程的力源。地热能包括天然蒸汽、热水、热卤水等，以及由上述产物带出的与流体相伴中的副产品。

（二）按能源的形成条件分类

按能源的形成条件可分为一次能源和二次能源。

一次能源指从自然界取得的未经任何改变或转换的能源，如原煤、原油、天然气、生物质能、水能、核燃料，以及太阳能、地热能、潮汐能等。某些一次能源所含的能量间接来自太阳能，由太阳能自然转换，即不通过人工转换形成，又称为一次直接能源，如煤炭、石油、天然气、生物质能、水能、风能、海洋能等均属此类。

在人类社会的生产和生活中，因工艺或环境保护的需要，或为方便输送、使用和提高劳动生产率等原因，经常需要对一次能源进行加工或转换使之成为二次能源。随着科学技术的进一步发展和人类社会的日益进步，直接使用一次能源的比重必将有所下降。

二次能源也称“次级能源”或“人工能源”，是由一次能源经过加工或转换得到的其他种类和形式的能源，包括煤气、焦炭、汽油、煤油、柴油、重油、电力、蒸汽、热水、氢能等。一次能源无论经过几次转换所得到的另一种能源，都被称作二次能源。在生产过程中的余压、余热，如锅炉烟道排放的高温烟气，反应装置排放的可燃废气、废蒸汽、废热水，密闭反应器向外排放的有压流体等，也属于二次能源。

二次能源的转换形式很多，如煤可转换成焦炭、煤气、电力、蒸汽、热水，原油经过精馏分离可得到汽油、煤油、柴油、重油等。在一次能源转换成二次能源的过程中，总会有转换损失，如用煤发电时，煤的一部分能量残存在未燃尽的煤粒中，一部分以热的形式从烟囱中损失掉，或通过锅炉及蒸汽管道的辐射而散发掉。

二次能源的利用程度取决于一个国家的经济、科学技术、国防和人民生活水平等多种因素。由于二次能源一般比一次能源有更高的终端利用效率，也更清洁和便于输送、使用，随着科学技术的进一步发展和社会生活的日益现代化，二次能源使用量占整个能源消费总量的比重必将与日俱增。

一次能源、二次能源和载能工质是节能的主要对象，但载能工质本身不是能源，只有作为能量形式使用的载能工质才具有等价值和当量值的意义。

（三）按能源的使用性能分类

按能源的使用性能可分为燃料能源和非燃料能源。

燃料能源是指能源中可作为燃料使用的能源，它主要以热能形式提供能量。燃料能源既可按来源分为矿物燃料（如煤、石油、天然气等）、生物质燃料（如藻类、木料、沼气、各种有机废物等），以及核燃料（如铀、钚等），也可按形态分为固体燃料（如煤、木料、铀等）、液体燃料（主要是石油及其产品，常用的还有甲醇、水煤浆和煤炭液化燃料等），以及气体燃料（如天然气、氢气及煤炭气化制得的煤气等）。燃料能源中，除核燃料包含原子能外，其他燃料都包含着化学能，有的也同时包含着机械能。人们通过燃烧将燃料中的能量转换成热能直接加以利用，或再由热能转换成机械能、电能加以利用。燃料能源是人类目前和今后相当长时期内的基本能源。

非燃料能源是指不作为燃料使用，直接产生能量提供给人类使用的能源，如水能、风能、潮汐能、海洋能、激光能等。其中多数包含机械能，有的也包含热能、光能、电能。

（四）按能源的利用状况分类

按能源的利用状况可分为常规能源和新能源。

常规能源又称传统能源，是指在相当长的历史时期和一定的科学技术水平下，已经被人类大规模生产和长期广泛使用的能源，如煤炭、石油、天然气、水能和核裂变能。常规能源是人类目前利用的主要能源。

新能源指在新技术基础上系统地开发利用的能源，是正在开发利用但尚未普遍使用的能源。现在世界上重点开发的新能源有太阳能、风能、海洋能、地热能、氢能等。新能源大多是天然的和可再生的，是未来世界持久能源系统的基础。随着科技水平的提高，新能源和可再生能源供应量将不断提高。

（五）按能源的资源形态分类

按能源的资源形态可分为载体能源和过程能源。

载体能源指提供能量的含能物质，如各种燃料、蒸汽等可以直接储存和运输的物质。煤、石油、天然气和电是目前使用最广的载体能源，随着科学技术的发展，氢和微波也会成为重要的载体能源。

过程能源指提供能量的物质运动，如水流、风力、潮汐、波浪等。过程能源存在于物质的运动过程中，一般很难被储存和运输。

（六）按能源对环境的影响程度分类

按能源对环境的影响程度可分为清洁能源和非清洁能源。

清洁能源是指在开发使用过程中，对环境无污染或污染程度很小的能源，如太阳能、风能、水能、海洋能以及气体燃料等。用太阳能直接分解水制氢和核聚变能利用的研究如果成功，则太阳的能量和地球上的水都可成为人类取之不尽、用之不竭的清洁能源。

非清洁能源是指在开发使用过程中，对环境污染程度较大的能源，如煤、石油等。随着世界环保呼声的逐渐高涨，非清洁能源的开发和利用将逐步受到限制。

（七）按能源的流通状况分类

按能源的流通状况可分为商品能源和非商品能源。

商品能源是通过商品经流通环节大量消费的能源，它在一定经济条件下产生和存在，是社会分工和产品属于不同所有者的结果，目前主要有煤炭、石油、天然气、水电和核电五种。非商品能源是不作为商品交换的能源，即自己生产、加工和利用的能源。一般指源于植物或动物的能源。例如就地利用的薪柴、农业废弃物等，通常是可再生的。非商品能源来源广泛，但利用效率较低，在发展中国家农村地区的能源消费中占有很大比重。

上述分类是从能源的特点、相互关系以及能源开发利用的角度进行的。按照 GB 17167-2006《用能单位能源计量器具配备和管理通则》的规定，从能源计量管理的角度可将能源分为电能、固态能源（如煤炭、焦炭）、液态能源（如原油、成品油、重油、渣油）、气态能源（如天然气、液化气、煤气）、载能工质（如蒸汽、水）和可回收利用的余能。

三、能源的量的计量单位

通常情况下，衡量能源大小的量是以能源的实物量、能源的能量来表示的，应按国家规定使用法定计量单位，能源计量仪表的单位应该是焦耳。能源存在形式的不同决定了能量寄载体的多样性，为了照顾到人们使用的方便和习惯，对不同寄载体的能源选用了常用的法定计量单位。

按照能源的计量方式，能源计量单位主要有三种表示方法：一是用能源的实物量来表示，如煤的吨数（t），天然气的立方米数（m^3）；二是用热功单位来表示，如焦耳（J）、千瓦·时（kW·h）等；三是用能源的当量值表示，常见的如煤当量和油当量。按照能源计量单位的使用范围，可分为国际公认的国际标准计量单位和一个国家自行规定的法定计量单位两种。下面介绍几种常用的国际标准计量单位和我国的法定计量单位及两者相互之间的换算关系。

由于各种能源的形态不一，所以在对能源实物量进行计量时，往往采用不同的计量单位，如对固体能源采用质量单位，气体能源采用体积单位；而对同一种能源，各个国家和地区所用的计量单位也不完全一致。

表 1-1 为不同国家和地区对常见的能源实物量计量单位的采用情况。

（一）能源的实物量单位

表1–1　常见的能源实物量计量单位及采用情况

能源形式	单位	使用国家和地区
固体能源、液体能源	吨（t）	世界各地
原油	吨（t）	中国、独联体、东欧各国
	桶（bbl）	西方各国
成品油	升（L）	中国、独联体、东欧各国
	加仑（gal）	西方各国
	标准立方米（STm^3）	中国、独联体等
气体能源	标准立方英尺（scf）	西方各国
电力	千瓦·时（kW·h）	世界各地

注：1.表中桶是指石油桶，按美制bbl等于158.988L。

2.加仑分美国加仑（USgal）和英国加仑（UKgal），1USgal=3.785，1UKgal=4.546

在计算石油产量、供量、销数量时，国际上主要采用两种方法：一是按容积计算，主要以 bbl 为单位；二是按质量计算，主要以 t 为单位。计算原油日产量、出口量等习惯用 bbl，计算年产量、消费量则习惯用 t。

国际上将沙特阿拉伯产 34° API（相对密度 0.855）的轻质原油定为国际标准原油。作为能源计量单位，1bbl 国际标准原油的概念等同于 1bbl 油当量，简记为 boe。两种单位的折算，一般以国际标准原油密度为准，这种油每吨折合为 7.33 桶。

API 度是美国石油学会为测定原油重度所采用的标度。API 度的范围是 0.0 ~ 100.0（与 4℃时的水相比，相当于密度 1.076 ~ 0.6112）。

API 度与原油密度（ρ）有如下关系：

ρ =141.5/（131.5+API 度）

根据原油的密度和 API 度，对原油分类如下：

（1）重质原油：ρ 为 1000 ~ 920kg/m^3，API 度为 10.0 ~ 22.3；

（2）中质原油：ρ 为 920 ~ 860kg/m^3，API 度为 22.3 ~ 33.1；

（3）轻质原油：ρ<860kg/m^3，API 度大于 33.1。

由于 API 度与原油品质关系密切，国际原油市场价格与 API 度有密切的关系，但通常以产地来区分原油的种类。

（二）能源能量的计量单位

能量的计量单位有许多种，但具有确切定义的单位主要有三种，它们之间可以相互换算。另外在此也介绍下英制热量单位。

1. 焦耳（J）

这是具有专门名称的国际单位制导出的单位，也是中华人民共和国法定计量单位规定的表示能、功和热量的基本单位。对焦耳的定义为：1 牛顿（N）的力作用于质点，使它沿力的方向移动 1 米（m）距离所做的功；或者用 1 安培（A）电流通过 1 欧姆（Ω）电阻 1 秒钟（s）所消耗的电能。用国际单位制单位表示的关系式为 N·m，用国际单位制基本单位表示的关系式为 kg·m^2/s^2。由于焦耳的数值很小，所以通常采用焦耳的倍数来表示，如兆焦耳（MJ，10^6J）、吉焦耳（GJ，10^9J）或太焦耳（TJ，10^{12}J）。

2. 千瓦时（kW·h）

千瓦时是电量的计量单位。3.6×10^6J 等于 1kW·h。用国际单位制基本单位表示的关系式为 kWm^2/s^2。由于千瓦·时单位较小，通常采用兆瓦时（MWh）、万千瓦时（10^4kWh）、吉瓦·时（GW·h）、亿千瓦·时（10^8kW·h）、10 亿千瓦·时（TW·h）。

3. 卡（cal）

卡是热量单位，定义为 1 克（g）纯水在标准气压下，温度升高 1 摄氏度（℃）所需的热量。我国现行热量单位卡有 20℃卡、国际蒸汽表卡及热化学卡（cal_{th}），但这些都不是法定计量单位。

（1）20℃卡（cal_{20}）：指 1 纯水温度从 19.5℃升高至 20.5℃所需要的热量，与焦耳的换算关系为

$$1cal_{20}=4.1816J$$

（2）国际蒸汽表卡（cal_{IT}）：在 1956 年伦敦第五届国际蒸汽大会上规定的热量单位，与焦耳的换算关系为

$$1cal_{IT}=4.1868J$$

（3）热化学卡（cal_{th}）：在 1910 年到 1948 年间，考虑到以往人们使用卡的习惯，继续保留卡的名称，人为地规定了 1 卡等于多少焦耳，但不再与水的比热容有关系，故称作热化学卡、“干”卡或规定卡，与焦耳的换算关系为

$$1cal_{th}=4.184$$

能量的传递主要是靠做功和传热两种形式，当热量和功量采用的能量单位不同时就会出现转换系数，这个转换系数即是热功当量，它表示单位热量完全转化为功时相当的功量。热功转换公式如下：

$$Q=AW \tag{1-1}$$

式中，A——功量；

Q——热量；

W——热功当量。

如热量单位用卡，功的单位用焦耳，则根据 1956 年国际计量委员会的规定：1cal=4.1868J，热功当量 A=4.1868J/cal。

按照中华人民共和国法定计量单位的规定，焦耳（J）和千瓦·时（kW·h）是法定计量单位，是允许使用的计量单位；卡（cal）和英热单位（Btu）是不允许使用的计量单位。国际单位制（SI）中，热和功都采用相同的能量单位焦耳，A=1，因此，采用法定计量单位就不再有热功当量的概念。为了保证信息传递的一致性和准确性，我们在能源计量工作中应认真执行国家有关规定，采用法定计量单位。

（三）当量单位

不同能源的实物量是不能直接进行比较的。由于各种能源都有一种共同的属性，即含有能量，并且在一定条件下都可以转化为热，为了便于对各种能源进行计算、对比和分析，我们可以首先选定某种统一的标准燃料作为计算依据，然后通过各种能源实际含热值与标准燃料热值之比，即能源折算系数，计算出各种能源折算成标准燃料的数量，所选标准燃料的计量单位即为当量单位。

国际上习惯采用的标准燃料有两种，一种是标准煤，另一种是标准油。由于我国能源结构以煤为主，煤炭在全国的使用比较普遍和广泛，所以最常用的单位是标准煤。下面就从能源热值的概念和标准燃料的规定开始，说明标准煤和标准油的含义、能源实物单位与标准煤及标准油的换算关系。

（1）低位热值与高位热值

燃料燃烧会释放出一定数量的热量，单位质量（指固体或液体）或单位体积（指气体）的燃料完全燃烧，燃烧产物冷却到燃烧前的温度（一般为环境温度）时所释放出来的热量，就是燃料热值，也叫燃料发热量。

燃料热值有高位热值和低位热值两种。高位热值是指燃料完全燃烧，且燃烧产物中的水蒸气凝结成水时的发热量，其数值由测量获得。低位热值是指燃料完全燃烧，燃烧产物中的水蒸气仍以气态存在时的发热量，它等于从高位热值中扣除水蒸气凝结热后的热量。燃料高位热值和低位热值的关系可由下式表述：

$$Q_{dw}=Q_{gw}-rW_{H_2O} \tag{1-2}$$

式中，Q_{dw}、Q_{gw}——燃料的低位热值与高位热值，kJ/kg；

r——水蒸气凝结热，kJ/kg；

W_{H_2O}——燃料燃烧产物中的水蒸气含量，kg/kg。

由于燃料大都用于燃烧，各种炉窑的排烟温度均超过水蒸气的凝结温度，不可能使水蒸气的凝结热释放出来，所以在能源利用中一般都以燃料的应用基低位热值作为计算依据。

燃料的应用基是指以使用状态的燃料为基准的表示方法。如煤的应用基低位热值就是从处于使用状态的煤中取出具有代表性的煤样作为应用煤样，用一定量的这种煤样做低位热值的测定，所得之值就是该煤样以应用基表示的低位热值。

（2）当量热值与等价热值

当量热值是指某种能源本身所含的热量。具有一定品位的某种能源，其当量热值是固定不变的，如汽油的当量热值是42054kJ/kg，电的当量热值即是电本身的热功当量3600kJ/（kW·h）。

等价热值是指为了获得某一个计量单位的某种二次能源（如汽油、柴油、煤油、焦炭、煤气、电力、蒸汽等）或耗能工质（如压缩空气、氧气、水等）所消耗的，以热值表示的一次能源量。耗能工质是指生产过程中所消耗的，既不作为原料使用，也不进入产品，制取时又需要消耗能源的工作物质。只有作为能量形式使用的耗能工质才具有等价热值和当量热值。

由于等价热值实质上是当量热值与能源转换过程中能量损失之和，因此等价热值是一个变动值，它与能源加工转换技术有关。随着技术水平的提高，等价热值会不断降低，而趋向于二次能源所具有的能量。例如，电的等价热值就是在不断变化的，我国 1978 年发电煤耗（标准煤）为 0.429kg/（kW · h），每千克标准煤为 29308kJ，这时电的等价热值为 12573kJ/（kW · h）。随着发电效率的不断提高，1983 年的发电煤耗（标准煤）下降为 0.404kg/（kW · h），表明电的等价热值已下降为 11840kJ/（kW · h）。有些国家选取固定的数值，如日本发电效率较高，取发电煤耗为 0.35kgce/（kW · h）。目前我国的发电煤耗量取 0.404kgce/（kW · h）也是比较固定的。这里还需要强调指出，由于电的当量热值为 3600kW/（kW · h），相当于标准煤 0.1229kg/（kW · h），电力的当量热值与等价热值相差约 3 倍。

等价热值可由下面的计算公式求得：

等价热值＝当量热值 / 转化效率

例 1-1：如果焦炭的低位发热量为 29308kJ/kg，炼焦炉效率为 0.85，则

1 焦炭的等价热值＝ 29308 ÷ 0.85=34480（kJ/kg）

例 1-2：如果 1kg 低压饱和蒸汽所具有的能量为 2720kJ，实测锅炉效率为 0.72，则

1kg 低压饱和蒸汽的等价热值＝ 2720 ÷ 0.72=3779（kJ/kg）

严格地说，等价热值应按实测数据计算。在无实测数据时，可取参考数据。

（3）标准煤与标准油

标准煤（又称煤当量）是指按照标准煤的热当量值计算各种能源量时所用的综合换算指标。标准煤迄今尚无国际公认的统一标准，1 标准煤的热当量值，联合国、中国、日本、西欧和独联体诸国等按 29.3（7000kcal）计算，而英国则是根据用作能源的煤的加权平均热值确定的，一般按 25.5（6100kcal）计算，所以同样是标准煤，由于热当量值的计算方法不同，差别也很大。国家标准 GB2589—2020《综合能耗计算通则》规定，应用基低位发热量等于 29307.6kJ（千焦）[7000 千卡（kcal）] 的燃料，称为 1kg（千克）标准煤（1kgce）。在统计计算中可采用 t（吨）（标准煤）做单位，用符号表示为 tce。

标准油（又称油当量）是指按照标准油的热当量值计算各种能源量时所用的综合换算指标。与标准煤相类似，到目前为止，国际上还没有公认的油当量标准。中国采用的油当量（标准油）热值为 41.87MJ（10000kcal/kg），常用单位有油当量（toe）和桶油当量（boe）。

（4）标准煤和标准油折算方法

要计算某种能源折算成标准煤或标准油的数量，首先要计算这种能源的折算系数，能源折算系数可由下式求得：

能源折算系数＝能源实际含热值 / 标准燃料热值

其次再根据该折算系数，计算出具有一定实物量的该种能源折算成标准燃料的数

量。其计算公式如下：

能源标准燃料数量＝能源实物量 × 能源折算系数

由于各种能源的实物量折算成标准煤或标准油数量的方法相同，下面仅以标准煤折算方法为例加以说明。

按照国家标准 GB/T 2589—2020《综合能耗计算通则》的规定，任一规定的体系实际消耗的燃料能源均应按应用基低位发热量为计算依据，折算成标准煤量。任一规定的体系实际消耗的二次能源及耗能工质均按相应的能源等价值折算为一次能源。在计算消耗量时，能源标准煤折算系数（以下简称折标煤系数）要分别采取当量计算和等价计算两种方法。

①当量计算方法，即以燃料能源的应用基低位发热量为计算依据。例如，我国原煤的平均低位发热量为 20910kJ（5000kcal），则

原煤的折标煤系数＝20910 ÷ 29307.6=0.7143

如果某企业消耗了 10000t 原煤，折合为标准煤即为

10000 × 0.7143=7143（tce）

②二次能源及耗能工质的等价计算方法，即以等价热值为计算依据。

例如，目前我国电的等价热值为 11825.08kJ（2828kcal），则

电的折标煤系数＝11825.08 ÷ 29307.6=0.404（kgce/kW · h）

如果某单位消耗了 1×10^4kW · h 电量，折算成标准煤即为

10000 × 0.404=4040（kgce）

又如某厂以压缩空气作为耗能工质，假设 1m³ 压缩空气的等价热值为 1172.3kJ，则

该压缩空气的折标煤系数＝1172.3 ÷ 29307.6=0.0400

如果该厂消耗了 5000m³ 压缩空气，折算成标准煤即为

5000×0.0400=200（kgce）

需要注意的是，二次能源及耗能工质的等价计算方法主要应用于计算能源消耗量，在考察能量转换效率和编制能量平衡表时，所有能源折算为标准煤时都应以当量热值为计算依据。

国家市场监督管理总局和国家标准化管理委员会在 GB/T 2589—2020《综合能耗计算通则》中规定了各类能源折算系数（参考值）、电力和热力折标准煤系数（参考值）和主要耗能工质折标准煤系数（按能源等价值计）（参考值），详见表 1-2、表 1-3、表 1-4。

表1-2　能源折算标准煤参考系数（参考值）

能源名称	平均低位发热量	折标准煤系数
原煤	20934 kJ/kg（5000 kcal/kg）	0.7143 kgce/kg
洗精煤	26377 kJ/kg（6300 kcal/kg）	0.9000 kgce/kg
洗中煤	8374 kJ/kg（2000 kcal/kg）	0.2857 kgce/kg
煤泥	8374kJ/kg ~ 12560 kJ/kg（2000 kcal/kg ~ 3000 kcal/kg）	0.2857 kgce/kg ~ 0.4286 kgce/kg
煤矸石（用作能源）	8374 kJ/kg（2000 kcal/kg）	0.2857 kgce/kg
焦炭（干全焦）	28470 kJ/kg（6800 kcal/kg）	0.9714 kgce/kg
煤焦油	33494 kJ/kg（8000 kcal/kg）	1.1429 kgce/kg
原油	41868 kJ/kg（10000 kcal/kg）	1.4286 kgce/kg
燃料油	41868 kJ/kg（10000 kcal/kg）	1.4286 kgce/kg
汽油	43124 kJ/kg（10300 kcal/kg）	1.4714 kgce/kg
煤油	43124 kJ/kg（10300 kcal/kg）	1.4714 kgce/kg
柴油	42705 kJ/kg（10200 kcal/kg）	1.4571 kgce/kg
天然气	32238 kJ/m^3 ~ 38979 kJ/m^3（7700 kcal/m^3 ~ 9310 kcal/m^3）	1.1000 kgce/m^3 ~ 1.3300 kgce/m^3
液化天然气	51498 kJ/kg（12300 kcal/kg）	1.7572 kgce/kg
液化石油气	50242 kJ/kg（12000 kcal/kg）	1.7143 kgce/kg
炼厂干气	460555 kJ/kg（11000 kcal/kg）	1.5714 kgce/kg
焦炉煤气	16747 kJ/m^3 ~ 18003 kJ/m^3（4000 kcal/m^3 ~ 4300 kcal/m^3）	0.5714 kgce/m^3 ~ 0.6143 kgce/m^3
高炉煤气	3768 kJ/m^3（900 kcal/m^3）	0.1286 kgce/m^3
发生炉煤气	5234 kJ/m^3（1250 kcal/m^3）	0.1786 kgce/m^3
重油催化裂解煤气	19259 kJ/m^3（4600 kcal/m^3）	0.6571 kgce/m^3
重油热裂解煤气	35588 kJ/m^3（8500 kcal/m^3）	1.2143 kgce/m^3
焦炭制气	16329 kJ/m^3（3900 kcal/m^3）	0.5571 kgce/m^3
压力气化煤气	15072 kJ/m^3（3600 kcal/m^3）	0.5143 kgce/m^3
水煤气	10467 kJ/m^3（2500 kcal/m^3）	0.3571 kgce/m^3
粗苯	41868 kJ/kg（10000 kcal/kg）	1.4286 kgce/kg
甲醇（用作燃料）	19913 kJ/kg（10000 kcal/kg）	0.6794 kgce/kg
乙醇（用作燃料）	26800 kJ/kg（6401 kcal/kg）	0.9144 kgce/kg
氢气（用作燃料密度为0.082kg/m^3）	9756 kJ/m^3（2330 kcal/m^3）	0.3329 kgce/m^3
沼气	20934 kJ/m^3 ~ 24283 kJ/m^3（5000 kcal/m^3 ~ 5800 kcal/m^3）	0.7143 kgce/m^3 ~ 0.8286 kgce/m^3

表1–3　电力和热力折标准煤系数（参考值）

能源名称	折标准煤系数
电力（当量值）	0.1229 kgce/（kW·h）
电力（等价值）	按上年电厂发电标准煤耗计算
热力（当量值）	0.03412 kgce/MJ
热力（等价值）	按供热煤耗计算

表1–4　主要耗能工质折标准煤系数（按能源等价值计）（参考值）

耗能工质名称	单位耗能工质耗能量	折标准煤系数
新水	7.54 MJ/t（1800 kcal/t）	0.2571 kgce/t
软化水	14.25 MJ/t（3400 kcal/t）	0.4857 kgce/t
除氧水	28.47 MJ/t（6800 kcal/t）	0.9714 kgce/t
压缩空气	1.17 MJ/m^3（1800 kcal/m^3）	0.0400 kgce/m^3
氧气	11.72 MJ/m^3（1800 kcal/m^3）	0.4000 kgce/m^3
氧气（做副产品时）	11.72 MJ/m^3（1800 kcal/m^3）	0.4000 kgce/m^3
氧气（做主产品时）	19.68 MJ/m^3（1800 kcal/m^3）	0.6714 kgce/m^3
二氧化碳气	6.28 MJ/m^3（1800 kcal/m^3）	0.2143 kgce/m^3
乙炔	243.76 MJ/m^3（1800 kcal/m^3）	8.3143 kgce/m^3
电石	60.92 MJ/kg（6800 kcal/kg）	0.2786 kgce/kg
注：单位耗能工质耗能量和折标准煤系数是按照电厂发电标准煤耗为0.404计算的折标准煤系数。实际计算时，推荐考虑上年电厂发电标准煤耗和制备耗能工质设备效率等影响因素，对折标准煤系数进行修正。		

第二节　能源计量的范围

一、广义能源计量的范围

能源计量是为了确定用能对象的能源的完善程度而对能源及相关量的计量。

用能对象可以是系统、设备、过程，甚至是微元，也可以是国家、地区、企业等行政区划或法人单位。

能源利用的完善程度可以是设备效率、能效比、制冷系数，可以是单位能耗、单位产值能耗、单位 GDP 能耗，还可以是某个国家或地区的能源弹性系数。

能源计量是计量学的一个分支学科，其本质特征是关于能源量及能源使用程度的计量，但它又不同于普通的计量，而是在特定的条件下，具有特定方法、特定含义、特定目的和特殊形式的计量。

能源计量是一项非常复杂的社会活动，是技术与管理的结合体。它与一般的法治计量比较具有以下几个方面的特点：

1. 能源计量覆盖范畴的外延性

能源计量的内含和外延复杂，任何政策性文件和技术标准都不可能完全规范它的全部。例如，为了体现不同种类能源其品质品位的不同，能源计量中还出现了能源当量单位和等价单位，这些都超出了现行法制计量单位的范畴。

2. 能源计量发展过程的活跃性

法制计量对测量、检定、计量器具都有明确的规范，能源计量在自身的发展过程中不断创新，这种创新体现在计量器具和计量量值上，如导热式热流计、风机效率分析仪等。这些计量器具和量值是无法用现有的检定规程和校准规范进行量值传递与溯源的。

3. 能源计量测量方法的动态性

能源计量是现场工业计量的一部分，其计量的对象多是动态的、多因素的，其测量结果的不确定度的分量主要源于测量方法。

4. 能源计量学科领域的边缘性

能源形式的多样性、能源利用的广泛性决定了能源计量的边缘性、复杂性和跨学科性。能源计量是根据测量对象的用能属性来分类的，它几乎跨越了现有计量学的各个学科，并根据能量守恒定律及熵增原理来考核用能设备、用能系统的用能情况，既不是传统计量专业的堆砌，也不是现行计量器具的简单组合，而是具有自身的学科特点，应研究立法明确应用目的。

5. 能源计量测量对象的综合性

能源计量的测量对象可以是一个用能单位、一个次级用能单位或一个用能设备，但不论什么作为测试对象都应是一个集多种物理量及化学量的综合体，再由于载体能源和过程能源本身在自然界中存在的广泛性、多样性和复杂性决定了能源计量对象的综合性和复杂性。

6. 能源计量测量目的的功利性

就计量的一般原理，计量本身是为实现单位统一、量值准确可靠而通过一组操作来确定对象的量。它本身是不会带来任何的经济效益，它所取得的经济效益都是间接的。而能源计量除具有一般量的这一特性外，在某些情况下还具有直接取得经济效益的属性。例如根据在线计量仪表的数值所反映出的能源利用效率即时进行设备在线调整从而提高设备的能源利用率。对于风机、水泵等诸多设备，能源计量仪表的安装会大大提高能源设备的运行效率。

7. 能源计量测量结果的互补性

能源计量的测试对象是复杂的，测试指标是多方面的，其各种指标的依据都是建立在热力学第一定律和热力学第二定律的原则基础上的。也就是说，对任何体系、对象的能源计量都离不开对象的能量平衡方程式。如果把直接测量有效能的方法叫作直接测量法，把总的能量减去非有效能的方法叫作间接测量法的话，就会得出任何用能体系均可通过直接法与间接法获得有效能测定的结论。一般来说，通过两种无关量测量结果的比对验证，就可以比较准确地了解用能对象的真实情况。这就是能源计量测量结果的互补性。

二、狭义能源计量的范围

从狭义上讲，能源计量是指在能源消费、转化等流程中，对处于各环节（包括能源生产、运输、使用、监管等各个领域）的能源数量、质量、性能等参数进行检测、度量和计算。它既是法制计量的一个重要组成部分又是工业计量的重要工作内容。一方面它要受到法制计量的约束，也就是说，能源计量的单位、器具检定、器具管理、实验室要求等涉及现行有效规范性文件约束的计量内容都必须符合《中华人民共和国计量法》（以下简称《计量法》）及其相关法规的要求，必须合法。另一方面，它在工业企业管理体系的正常运行、节能措施的顺利实施、节能工艺改造的技术支撑等方面也发挥了巨大的作用。

目前，能源计量所面对的任务主要是以下两个方面的工作：

1. 技术层面的能源计量工作

为配合国家的节能工作，一方面要合理配置能源计量装置、配备合格的能源计量器具，加强能源计量器具的维护、检定和修理，加强计量人员培养，科学运用能源计量数据，做好必须的静态技术研究；另一方面，要进一步加强在线、动态和远程检定、校准及检测技术的研究工作。例如，开展环境污染动态在线检测与远程监控系统的研究、系统研究烟气和水污染远程监控体系，从而可以真正做到实时监测，实现动态管理。

2. 管理层面的能源计量工作

采取强有力的节约能源措施势在必行，而这些措施的实施都离不开计量。加强能源计量管理，落实能源计量管理责任制，建立健全能源计量管理体系，提高能源利用率是减少资源消耗、保护环境的最有效途经，也是走新工业化道路的重要内容。能源计量涵盖社会生活的各个环节，尤其在工业生产领域，从原材料采集、运输、物料交接、生产过程控制到成品出厂，都需要通过测量数据来控制能源的使用，涉及热工量、化学量、力学量、电量等诸多科学测量参数的应用，是企业生产经营管理必不可少的基本条件。若离开计量数据管理，就不能量化各生产环节的能源消耗，则各项节能措施就无法实施。

第三节　能源计量的作用

一、能源计量是科学用能的基础

在我国的经济建设中，节约资源是我国的基本国策。国家实施节约与开发并举、把节约放在首位的能源发展战略。在能源紧缺的国情下，由于节约能源的措施投资少、见效快，所以越来越被人们重视。

节约能源分为“结构节能”和“管理节能”。结构节能效益显著，近几年统计资料表明，结构节能效果占60%，但其投资大、时间长。管理节能效果占40%，管理节能投资少、见效快，所有企业均可推行。随着国民经济的发展，管理节能始终是一项重要措施，采用行政干预和经济杠杆相结合的方式，甚至用法律的手段来推动以最低的能耗求得最好的经济效益。

结构节能、管理节能，必须要有扎实的管理基础做保证，包括标准化、定额管理、计量工作、信息统计、基础教育和责任制等基础工作。而计量工作又是最根本的基础工作，能源管理需要“凭数据说话”，若没有准确可靠的计量数据，能源管理工作就无法开展，节能效果将是稀里糊涂。由此可见，能源计量是用能单位科学用能、管理节能的重要技术基础。

二、能源计量是重点用能单位节能的保障

1. 在能源贸易上，开展能源计量工作可为用能单位提供能源进出厂的计量数据，以减少亏损，避免经济结算纠纷，保护供需双方权益。

2. 在能源管理上，做好能源计量工作能保证能源统计报表数据准确，保证能源单耗（无论是单位产品单耗或万元产值单耗）的可比性进而达到先进合理，保证能耗定额的贯彻执行。

3. 在内部经济核算上，按基本经济单位或能源核算单位的具体要求配备能源计量器具，开展能源计量工作可为用能单位在能源分配、流转、储存、加工、转换等核算环节，提供准确、一致的计量数据，以保证用能单位按产品制定科学的用能定额，实行能源定额管理，满足经济核算和生产责任的判断要求。

4. 在实施节能措施上，能源计量为节能技术改造和节能管理改进提供可靠的依据，以做到有的放矢；在评价节能效果方面，能源计量又为科学评价节能效果或效益提供

可靠的数据。

5. 对生产工艺过程各关键环节的用能监测，能够为生产工艺过程提供产品原材料能源节能的数据。

6. 对主要用能设备进行能效测试，能够为设备进行节能技术改造或更新提供准确计量数据，为能源审计提供技术基础。

三、能源计量为节能监管提供依据

当前，无论是生产领域还是消费领域，节能管理都存在薄弱环节，所以国家对节能监管尤其是对重点用能单位的节能监管就显得尤为重要。

在《节约能源法》第五十三条、第五十四条中，明确了重点用能单位的节能义务、重点用能单位应当每年向管理节能工作部门报送上年度的能源利用状况报告。能源利用状况报告包括能源消费情况、能源利用效率、节能目标完成情况和节能效益分析、节能措施等内容。

为了进一步加大节能监管的力度，强化重点用能单位的节能管理，国务院出台了《国能工作的决定》，要求各节能主管部门督促重点用能企业开展能源审计、编制节能计划、建立节能责任制、完善节能管理制度、实施节能奖励措施、组织重点用能单位开展与国内外同行业先进水平对标活动，促进企业节能工作上水平、上台阶；要求重点用能企业应有专门的节能管理机构，配备专职的节能管理人员，完善能源计量器具配备，加强原始记录管理，建立基础台账，做好能源计量和检测，如实报送能源统计资料等。

无论是《节约能源法》对重点用能单位节能义务的要求，还是国务院节能主管部门对节能监管的要求，都涉及能源计量的工作范围，只有准确的能源计量数据，才能编制出准确反映企业用能实际情况的能源利用报告，进而才能满足国务院各级节能主管部门对节能监管的需求。

第二章　能源计量的法治要求

第一节　能源计量监督与管理

一、能源计量监管体制

我国能源计量监管体系是和我国计量监督管理体系相一致的。我国计量实行按行政区划统一领导、分级负责的管理体制。全国计量工作由国务院计量行政部门负责实施统一监督管理。各行政区域内的计量工作由当地人民政府计量行政部门负责监督管理。中国人民解放军和国防科技工业系统的计量工作按照《中国人民解放军计量条例》和《国防科技工业计量监督管理暂行规定》实施。企事业单位根据生产、科研和经营管理需要设置的计量机构，负责监督计量法律、法规在本单位的贯彻与实施。

政府计量行政部门所进行的计量监督，是纵向和横向的行政执法性质的监督；部门计量行政机构对所属单位的监督和企事业单位的计量机构对本单位的监督，则属于行政管理性质的监督，一般只对纵向发生效力。国家、部门、企事业单位三者的计量监督是相辅相成的，各有侧重，相互渗透，互为补充，共同构成一个有序的计量监督系统。从法律实施的角度来讲，部门和企事业单位的计量机构不是计量行政执法的主体，对计量违法行为的处理，部门和企事业单位或者上级主管部门只能给予行政处分，而政府计量行政部门是计量行政执法的主体，可依法给予行政处罚。这是因为行政处罚是由特定的具有执法监督职能的政府计量行政部门行使的。

根据《计量法》第四条的规定，国务院计量行政部门对全国计量工作实施统一监督管理。县级以上地方人民政府计量行政部门对本行政区域内的计量工作实施监督管理。

二、政府能源计量监管的职责

《能源计量监督管理办法》第三条规定："国家市场监督管理总局对全国能源计

量工作实施统一监督管理。县级以上地方市场监督管理部门对本行政区域内的能源计量工作实施监督管理。”

这一条规定了市场监督管理部门的职责，即国家市场监管总局对全国能源计量工作实施统一监督管理。县级以上地方市场监督管理部门对本行政区域内的能源计量工作实施监督管理。

国家市场监管总局的能源计量职责应包括：

a. 承担能源计量监督管理工作，根据国家法律规法和有关节能源管理的方针、政策，制定有关能源计量器具配备、能源计量数据管理等方面的技术规范和要求，并负责在全国组织实施；

b. 负责组织能源计量数据核查、能效测试、能效评价工作，推行大宗能源贸易交接公证计量制度；

c. 牵头组织有关节能减排工作，会同有关部门管理能效标识；

d. 负责组织建立国家城市能源计量中心；

e. 负责监督管理能源计量器具计量检定 / 校准和测试工作；

f. 负责监督管理计量标准考核、计量检定人员考核和计量考评员考核工作；

g. 负责部署对重点用能单位的能源计量监督审查；

h. 制订下一年度工业和能源计量的监督指导计划。

地方市场监督管理部门的能源计量职责应包括：

a. 负责国家和上级市场监督管理部门有关能源计量监督管理的法规、规章和办法，并结合本地区的实际情况在本行政区域内的实施；

b. 按国家质量技术监督部门的部署，负责建立国家城市能源计量中心；

c. 负责开展能源计量器具计量检定 / 校准工作；

d. 负责计量标准考核、计量检定人员考核和计量考评员考核工作；

e. 负责在本行政区域内用能单位的能源计量监管。

第二节 节能监管

一、我国的节能监管体制

节能工作涉及各行各业和城乡人民的生活，既需要管理又需要较强的专业技术，也是国家进行宏观控制的一个重要方面，因此节能监管需要强有力的监管体制。

为加强能源战略决策和统筹协调，2010年1月22日国务院决定成立国家能源委员会，主要职责是负责研究拟订国家能源发展战略，审议能源安全和能源发展中的重大问题，统筹协调国内能源开发和能源国际合作的重大事项。根据我国政府行政机构的构成状况，对节能工作的监管实行以政府综合经济管理部门为主导，政府有关行政部门在各自的职责范围内负责节能监督管理的体制。

二、政府及行政部门节能监管的主要职能

《中华人民共和国节约能源法》（以下简称《节约能源法》）对各级政府和政府有关行政部门的节能监管职能做出了明确的规定。

1. 各级政府

国务院和县级以上地方各级人民政府应当加强对节能工作的领导、部署、协调、监督、检查、推动节能工作。

2. 节能工作的主管部门

国务院管理节能工作部门主管全国的节能监督管理工作。国务院有关部门在各自的职责范围内负责节能监督管理工作，并接受国务院管理节能工作部门的指导。

县级以上地方各级人民政府管理节能工作部门负责本行政区域内的节能监督管理工作。县级以上地方各级人民政府有关部门在各自的职责范围内负责节能监督管理工作，并接受同级管理节能工作部门的指导。

县级以上人民政府管理节能工作部门和有关部门应当在各自的职责范围内，加强对节能法律、法规和节能标准执行情况的监督检查，依法查处违法用能行为。

国务院管理节能工作部门会同国务院有关部门制定电力、钢铁、有色金属、建材、石油加工、化工、煤炭等主要耗能行业的节能技术政策，推动企业节能技术改造。会同国务院科技主管部门发布节能技术政策大纲，指导节能技术研究、开发和推广应用。会同国务院有关部门制定并公布节能技术、节能产品推广目录，引导用能单位和个人使用先进的节能技术、节能产品；组织实施重大节能科研项目、节能示范项目、重点节能工程。会同国务院产品质量监督部门对家用电器等使用面广、耗能量大的用能产品实行能源效率标识管理。

3. 建设主管部门

国务院建设主管部门负责全国建筑节能的监督管理工作，县级以上地方各级人民政府建设主管部门负责本行政区域内建筑节能的监督管理工作。

县级以上地方各级人民政府建设主管部门会同同级管理节能工作的部门编制本行政区域内的建筑节能规划。建筑节能规划应当包括既有的建筑节能改造计划。

4. 交通运输主管部门

国务院有关交通运输主管部门按照各自的职责负责全国交通运输相关领域的节能监督管理工作。

国务院有关交通运输主管部门应当加强交通运输组织管理，引导道路、水路、航空运输企业提高运输组织化程度和集约化水平，提高能源利用效率；应当加强对交通运输营运车船燃料消耗检测的监督管理。

5. 计量行政部门

国务院计量行政部门对全国能源计量工作实施统一监督管理，县级以上计量行政部门对本行政区域内的能源计量工作实施监督管理。应当按照计量法律法规的要求，加强能源计量工作，对用能单位能源计量器具配备情况进行检查，引导用能单位建立和完善测量管理体系，督促用能单位定期对所配备的能源计量器具进行检定、校准，指导用能单位加强对能源计量数据的应用等。

6. 标准化主管部门

国务院标准化主管部门和国务院有关部门依法组织制定并适时修订有关节能的国家标准、行业标准，建立健全节能标准体系。

建筑节能的国家标准、行业标准由国务院建设主管部门组织制定，并依照法定程序发布。

省、自治区、直辖市人民政府建设主管部门可以根据本地实际情况，制定严于国家标准或者行业标准的地方建筑节能标准，并报国务院标准化主管部门和国务院建设主管部门备案。

国务院标准化主管部门会同国务院管理节能工作的部门和国务院有关部门制定强制性的用能产品、设备能源效率标准和生产过程中耗能高的产品的单位产品能耗限额标准。

7. 统计部门

国务院统计部门会同国务院管理节能工作的部门，定期向社会公布各省、自治区、直辖市以及主要耗能行业的能源消费和节能情况等信息。

县级以上各级人民政府统计部门应当会同同级有关部门，建立健全能源统计制度，完善能源统计指标体系，改进和规范能源统计方法，确保能源统计数据真实、完整。

8. 政府有关部门

国务院和县级以上地方各级人民政府管理机关事务工作的机构会同同级有关部门制定和组织实施本级公共机构节能规划。公共机构节能规划应当包括公共机构既有建筑节能改造计划。

国务院和县级以上地方各级人民政府管理机关事务工作的机构会同同级有关部门按照管理权限，制定本级公共机构的能源消耗定额，财政部门根据该定额制定能源消耗支出标准。

县级以上地方各级人民政府有关部门应当加强城市节约用电管理，严格控制公用设施和大型建筑物装饰性景观照明的能耗。国务院认证认可监督管理部门负责节能产品认证认可。

第三节 法制计量

一、法制计量的概念

JJF 1001—2011《通用计量术语及定义》对“法制计量（legal metrology）”的定义为：为满足法定要求，由有资格的机构进行的涉及测量、测量单位、测量仪器、测量方法和测量结果的计量活动，即与法定计量机构所执行工作有关的部分，它是计量的一项重要组成部分。

国际上通常认为，法制计量是存在利益冲突的领域的计量；或者说，是这样一种领域中的计量，在这个领域中，对计量结果的可信性有专门的要求。为了消除这种利益冲突，或者说为了对测量结果建立起信心，就必须制定法律来规定统一的使用单位（也就是法定计量单位）；规定对所用的计量器具的要求及实现测量结果准确一致的测量方法和管理方法，并由法定计量机构负责实施或组织实施监督这些规定得到执行、要求得到满足。

二、法制计量工作的内容

法制计量工作包括：计量立法、计量器具的控制、计量行为的监督和计量结果的管理。计量立法包括国家计量法的制定，各种计量法规和规章的制定，以及各种计量技术法规规范的制定。计量器具的控制包括型式批准、首次检定、后续检定和仲裁检定等。计量行为的监督包括计量检定人员的监督管理、计量检定印证监督管理、计量欺骗行为的监督管理等。计量结果的管理包括对计量实验室的法定要求、检测实验室的计量认证、计量标准考核、制造计量器具许可监督管理、用能单位能源计量审查、定量包装商品等商品计量的监督管理等。

第四节　计量检定机构

一、计量检定机构

（一）计量检定机构的概念

计量检定机构，是指从事评定计量器具的计量性能，确定其是否合格而进行工作的技术机构。《计量法》中的计量检定机构是指承担计量检定工作的有关技术机构，各级政府计量行政部门依法设置的计量检定机构，国防科工委批准设置的国防计量测试研究中心、计量一级站、计量二级站、计量三级站等。

计量检定机构按照其职责及法律地位的不同，可以分为法定计量检定机构和一般计量检定机构。法定计量检定机构是指县级以上人民政府计量行政部门所属的计量检定机构和授权有关部门建立的专业性、区域性计量检定机构。

一般计量检定机构是指其他部门或企业、事业单位根据所需建立的计量检定机构。

依据《计量法》的规定，计量检定机构在从事计量检定时，必须依照国家计量检定系统表进行，必须执行计量检定规程。

（二）法定计量机构

JJF 1001—2011《通用计量术语及定义》对“法定计量机构”（service of legal metrology）给出了如下定义：负责在法制计量领域实施法律或法规的机构。法定计量机构可以是政府机构，也可以是国家授权的其他机构，其主要任务是执行法制计量控制。

法定计量机构也称法定计量检定机构，是指各级市场监督管理部门依法设置或者授权建立并经市场监督管理部门考核合格的计量检定机构。法定计量检定机构的主要任务是贯彻执行国家计量法律、法规，保障国家计量单位制的统一和量值的准确可靠，为市场监督管理部门依法实施计量监督提供技术保障。

法定计量检定机构根据市场监督管理部门的授权行使下列职责：

a. 研究建立计量基准、社会公用计量标准；

b. 承担授权范围内的量值传递，执行强制检定和法律规定的其他检定、测试任务；

c. 开展校准工作；

d. 研究起草计量检定规程、计量技术规范；

e. 承办有关计量监督中的技术性工作。

法定计量检定机构的特点：

a. 拥有雄厚的技术实力。因为计量执法具有很强的技术性，所以国家要用现代计量技术装备各级计量检定机构，为社会主义经济建设服务，为生产、国防建设、科学实验、国内外贸易以及人民的健康、安全提供计量保证。

b. 具有公正的地位。法定计量检定机构不是经营性机构，其所从事的工作都具有法制性，不允许有丝毫徇私枉法行为，要有独立于当事人之外的第三方的立场。

c. 坚持恪守非盈利的原则。法定计量检定机构的经费分别列入各级政府财政预算，也就是说这类机构不应是盈利单位，不能靠赚钱来发展业务和实施监督。收费必须按国定规定执行，不能擅自提高或降低收费标准。

国家计量基准和社会公用计量标准一般都是建立在法定计量检定机构。

（三）授权的专业计量检定机构

授权的专业计量检定机构是经政府计量行政部门授权承担专业计量强制检定和其他检定测试任务的法定计量检定机构。各级政府计量行政部门授权建立了一批地方专业计量检定机构，它也是全国法定计量检定机构的一个重要组成部分。

建立授权的专业计量检定机构（包括国家站、分站、地方站）是为了充分发挥社会技术力量的作用，授权单位应遵循统筹规划、方便生产、利于管理、择优选定的原则，在授权项目上，一般应选择亟须统一量值、具有专业的特殊性、跨部门使用的专业项目。

授权的专业计量检定机构本身并不具有监督职能，但由于监督体制上的特殊性（不受行政区划的限制，按专业跨区进行），它可以受政府计量行政部门的委托，行使授权范围内的计量监督职能，对授权的专业项目执行监督任务，对违反计量法律、法规和规章的行为提出处理意见，由当地政府计量行政部门执行行政处罚。

授权的专业计量检定机构与政府行政部门所属法定计量检定机构性质基本相同，但也存在区别，主要表现在：授权的专业计量检定机构主要是在本专业授权领域内行使法定计量检定机构的职权，负责该专业方向的量值传递和技术管理工作，因而专业性较强，社会性不如计量行政部门所属的法定计量检定机构。

（四）企事业单位的计量检定机构

企事业单位的计量检定机构是指企事业单位根据本单位计量器具量值溯源的需要，依据国家市场监管总局颁发的《计量标准考核办法》而建立计量标准开展计量检定的机构。

企事业单位建立的各项最高等级的计量标准需按《计量标准考核办法》的规定，通过有关计量行政部门主持的计量标准考核，取得主持考核的计量行政部门颁发的《计量标准考核证书》后，方能对本单位的有关计量器具开展计量检定。最高等级的计量标准的认定不能按照能否在本单位内进行量值溯源来判断，而应按照该计量标准在与其“计量学特性”相应的国家计量检定系统表中的位置是否在本单位内最高来判断。

三、计量校准机构

计量校准机构一般称为校准实验室，是指应用标准方法、非标准方法和实验室制定的方法对计量器具进行校准的组织。

对于对外提供校准服务的校准实验室，为了提高其校准服务的社会公信力，一般都会通过权威机构的第三方认可。中国合格评定国家认可委员会（CNAS）是我国对检测、校准实验室进行认可的权威机构，通过 CNAS 合格评定获得认可的实验室表明其管理体系符合 GB/T 27025—2019《检测和校准实验室能力的通用要求》的要求，其认可的校准能力范围的项目可使用 CNAS 认可标记。

第五节 能源计量的法治要求

能源计量是从工业计量中派生而形成的工业计量的重要分支。随着国家对能源计量工作的重视，能源计量的法治要求将逐步得到健全和完善。一方面，能源计量要受到法制计量的约束，属于现行《计量法》调整的范围，如涉及的能源计量单位、能源计量校准和能源计量器具管理、能源计量监督等方面均严格执行国家的计量法律法规体系要求；另一方面，在《节约能源法》《中华人民共和国统计法》（以下简称《统计法》）《能源计量监督管理办法》等法律法规中对能源计量工作有特别规定的，服从其规定。

一、能源计量器具

《能源计量监督管理办法》第六条、第七条、第八条规定，用能单位应当建立能源计量器具台账，加强对能源计量器具的管理，按照规定使用符合要求的能源计量器具，确保在用能源计量器具的量值准确可靠。

（一）计量标准

1. 计量标准的概念

计量标准是计量标准器的简称，是指准确度低于计量基准，用于检定或校准其他计量标准或工作计量器具的计量器具。计量标准在量值传递系统中处于中间环节，起到承上启下的作用，即将计量基准所复现的计量单位的量值通过检定或校准的方式传递到工作计量器具，从而确保工作计量器具量值的准确可靠，确保全国的测量活动达到统一。计量标准的准确度一般应比被检定的计量器具的准确度高 3~10 倍。凡不用于量值传递而只用于日常测量的计量器具，不管其准确度有多高都称为工作计量器具，不能称之为计量标准。我国的计量标准，按其法律地位、使用和管辖范围的不同，分为社会公用计量标准、部门计量标准和企事业计量标准三类。

2. 计量标准的建立与考核

（1）社会公用计量标准的建立与考核

社会公用计量标准器具简称社会公用计量标准，是指经过政府计量行政部门考核、批准，作为统一本地区量值的依据，在社会上实施计量监督具有公证作用的计量标准。在处理计量纠纷时，只有经过计量基准或社会公用计量标准仲裁检定后的数据才能作为仲裁依据，才具有法律效力。其他单位建立的计量标准，必须经相应政府计量行政部门计量授权，方可具有上述法律效力。

社会公用计量标准由各级政府计量行政部门根据本地区需要组织建立，在投入使用前要履行法定的考核程序。具体地说，地方政府计量行政部门建立最高等级的社会公用计量标准，须向上一级政府计量行政部门申请考核，其他等级的社会公用计量标准，由地方政府计量行政管理部门主持考核。经考核合格，取得《计量标准考核证书》的，由建立该项社会公用计量标准的政府计量行政部门颁发社会公用计量标准证书。

（2）部门计量标准的建立与考核

省级以上政府有关主管部门可以根据本部门的特殊需要建立计量标准，作为统一本部门量值的依据。省级以上政府有关主管部门建立计量标准，其各项最高计量标准，须经同级政府计量行政部门主持考核合格，取得《计量标准考核证书》，才能在部门内部开展非强制检定工作。

（3）企事业单位计量标准的建立与考核

企业、事业单位可以根据生产、科研和经营管理的需要建立计量标准，其建立的各项最高计量标准，须经与企业、事业单位的主管部门同级的政府计量行政部门主持考核合格，取得《计量标准考核证书》后，才能在单位内部开展非强制检定工作。

3. 计量标准的考核内容

计量标准的考核内容为：

a. 计量标准器及配套设备齐全，计量标准器必须经法定或者计量授权的计量技术机构检定合格（没有计量检定规程的，应当通过校准、比对等方式，将量值溯源至国家计量基准或者社会公用计量标准），配套的计量设备须经检定合格或者校准；

b. 具备开展量值传递的计量检定规程或者技术规范和完整的技术资料；

c. 具备符合计量检定规程或者技术规范并确保计量标准正常工作所需要的温度、湿度、防尘、防震、防腐蚀、抗干扰等环境条件和工作场地；

d. 具备与所开展量值传递工作相适应的技术人员，开展计量检定工作，应当配备 2 名以上获相应项目检定资质的计量检定人员，开展其他方式量值传递工作，应当配备具有相应资质的人员；

e. 具有完善的运行、维护制度，包括实验室岗位责任制度，计量标准的保存、使用、维护制度，周期检定制度，检定记录及检定证书核验制度，事故报告制度，计量标准技术档案管理制度等；

f. 计量标准的测量重复性和稳定性符合技术要求。

4. 计量标准的使用条件

计量标准器具（以下简称计量标准）的使用，必须具备下列条件：

a. 经计量检定合格；

b. 具有正常工作所需的环境条件；

c. 具有称职的保存、维护、使用人员；

d. 具有完善的管理制度。

5. 计量标准的监督管理

政府计量行政部门对计量标准的监督主要有两种方式：主持考核的计量行政部门以不定期抽查方式进行监督，以及主持考核的计量行政部门采用技术手段进行监督。监督的目的是保障考核后的计量标准能够正常运行。

（二）标准物质

标准物质是具有足够均匀和稳定特性的物质，其特性被证实适用于测量中或标称特性检查中的预期用途。标准物质在量值传递和验证测量统一方面起着重要作用。标准物质的管理工作由国家质检总局负责，企事业单位若需要制造标准物质必须向国务院计量行政部门申请办理《制造计量器具许可证》。

（三）工作计量器具

工作计量器具是相对计量标准（器具）而言，也称普通计量器具。它是指一般日常工作中所用的计量器具，通常位于量值溯源链的终端。不用于量值传递，而只用于日常测量的计量器具，不需其准确度有多高，都称为工作计量器具，一般由企事业单位自行依法管理。

工作计量器具同样具有标称范围、量程、标称值、测量范围、准确度等级等特性，同样必须在特定的工作条件下使用，所以必须经检定 / 校准合格后方可投入使用。

（四）计量检定

在 JJF 1001—2011《通用计量术语及定义》第 9.17 条中将“测量仪器的检定”（verification of measuring instrument）与“计量器具的检定”（verification of a measuring instrument）视为同义词，计量器具的检定简称计量检定（metrological verification）或检定（verification）。

JJF 1001—2011 对计量器具检定的定义：查明和确认测量仪器符合法定要求的活动，它包括检查、加标记、出具检定证书等。

因此，检定是查明和确认计量器具符合法定要求的活动，是依据计量检定规程的要求，通过具体的操作，将计量标准的量值传递到计量器具，以确定计量器具的计量特性，以及确定其是否符合法定要求，出具证书或加盖印记。法定要求包括计量要求、技术要求和行政管理要求等方面，计量要求主要是指确定计量器具的误差以及其他计量特性，如准确度等级、稳定性、重复性、漂移、分辨率、分度值等；技术要求是为了满足计量要求所必须具备的性能，如结构、安装、计数的可见性等；行政管理要求是指是否符合各种法令、法规的要求，如标准名牌、证书及有效期、检定记录等。

计量检定是计量法治管理的重要内容之一，其法治要求包括以下四个方面：

a. 用于计量检定的最高社会公用计量标准、部门最高计量标准和企事业单位的最高计量标准必须经过考核合格，取得计量标准考核证书；

b. 计量检定人员必须考核合格，取得计量检定证书；

c. 计量检定必须按照国家计量检定系统表进行；

d. 计量检定必须执行计量检定规程。

计量检定具有以下特点：

a. 计量检定的对象是计量器具，而不是一般的工业产品；

b. 计量检定的主要作用，在于评定计量器具性能是否符合法定要求，包括确定其误差是否符合规定要求、确定检定周期，以及确保计量器具的溯源性等；

c. 计量检定的结论是确定被检计量器具是否合格，这一点体现了计量检定的真正价值；

d. 计量检定具有监督性，社会公用计量标准出具的检定证书在社会上具有公正作用。

按管理性质的不同，计量检定可分为：

a. 强制检定

强制检定的对象是社会公用计量标准、部门和企业、事业单位使用的最高计量标准，以及用于贸易结算、安全防护、医疗卫生、环境监测四个方面且列入强制检定目录的工作计量器具。

判断一种工作计量器具是否属于强制检定的工作计量器具，首先要确定它是强制检定目录中列出的，其次要确认它是直接用于四个方面或是涉及四个方面使用的工作计量器具，两个条件必须同时具备，缺一不可。

强制检定由县级以上政府计量行政管理部门指定的法定计量检定机构或授权的计量技术机构执行。实行定点、定周期管理。组织实施强制检定是法律赋予政府计量行政部门的重要职责，法定计量检定行政部门的监督管理。强制检定由政府计量行政部门统一管理，指定法定的或授权的计量技术机构去具体执行。机构和授权的计量技术机构则是强制检定的执行者。使用单位应按规定申请检定并接受各级政府计量强制检定具有固定检定关系、定点送检的性质。《中华人民共和国计量法实施细则》（以下简称《计量法实施细则》）第十一条规定：“使用实行强制检定的计量标准的单位和个人，应当向主持考核该项计量标准的有关人民政府计量行政部门申请周期检定。使用实行强制检定的工作计量器具的单位和个人，应当向当地县（市）级人民政府计量行政部门指定的计量检定机构申请周期检定。当地不能检定的，向上一级人民政府计量行政部门指定的计量检定机构申请周期检定。”

由当地县（市）级人民政府计量行政部门指定的计量检定机构进行周期检定。当地不能检定的，向上一级人民政府计量行政部门指定的计量检定机构申请周期检定。计量检定工作应当符合经济合理、就地就近的原则，不受行政区划和部门管辖的限制。

检定周期由执行强制检定的机构按照计量检定规程给出，原则上不能随意变更。

b. 非强制检定

非强制检定的计量器具是企事业单位自主依法管理的计量器具。其检定方式和检定周期由企事业单位根据实际情况自行确定。随着改革开放的不断深入，我国与国际计量组织合作越来越广泛，国际上通用的计量校准活动逐渐被国人接受。各企事业单位已将大量自主依法管理的计量器具通过校准活动来实现量值溯源。对用能单位来说，除计量标准和用于能源进出贸易结算的能源计量器具外，大部分工作用能源计量器具都属于计量标准和非强制检定的计量器具，应加强对这一部分计量器具的管理，做好定期检定或校准工作，确保其量值准确可靠，是用能单位能源计量工作的主要任务之一。

按管理环节的不同，计量检定分为：

a. 首次检定

首次检定指对未被检定过的计量器具进行的检定。大多数计量器具首次检定后需进行后续检定。按我国计量行政部门的规定某些计量器具只做首次强制检定，失准报废；或首次强制检定后限期使用，到期更换。

b. 后续检定

后续检定指计量器具在首次检定后的一种检定，包括强制周期检定和修理后检定。

c. 强制周期检定

强制周期检定指根据规程规定的周期和程序，对计量器具定期进行的一种后续检定。强制周期检定通常是适用于强制检定的计量器具。

d. 自愿检定

自愿检定指并非由于强制要求而申请的任何一种检定。使用中的计量器具在用过一段时间后，需按时间间隔和规定程序进行定期检定，以确保量值准确可靠。

e. 仲裁检定

仲裁检定指用计量基准或社会公用计量标准器所进行的以裁决为目的的处理计量纠纷的检定活动。

f. 计量器具的监督检查

该检查指为验证使用中的计量器具符合要求所做的检查。检查项目一般包括：检定标记、检定证书有效性、封印完好性、检定后计量器具是否遭到明显改动、其使用中的误差是否超过最大允许误差。

（五）计量校准

校准是指在规定条件下的一组操作，其第一步是确定由测量标准提供的量值与相应示值之间的关系，第二步则是用此信息确定由示值获得测量结果的关系，这里测量标准提供的量值与相应示值都具有测量不确定度。也就是说，在规定条件下，为确定测量仪器或测量系统所指示的量值，或实物量具或参考物质所代表的量值，与对应的由标准所复现的量值之间关系的一组操作。

1. 校准的目的

a. 确定示值误差，并可确定是否在预期的允差范围内；

b. 得出标称值偏差的报告值，可调整测量设备或对示值加以修正；

c. 给任何标尺标记赋值或确定其他特性值，给参考物质特性赋值；

实现溯源性，将测量设备所指示或代表的量值，按照测量不确定度已知的连续校准链，将其溯源到标准多复现的量值。

2. 校准方法

在规定条件下，用一个可参考的计量标准，对包括标准物质在内的测量设备的计量特性赋值，并确定其示值误差。校准的规定条件是指校准时的环境条件和测量设备的使用条件。测量设备的计量特性不仅取决于测量设备本身，还取决于该测量设备校准时的环境条件，诸如温度、湿度、振动、电磁干扰等，同时取决于测量设备的使用条件，如使用的场所、使用的频繁程度、使用者的操作技能以及使用的方法等，这些条件应在校准时明确规定。

3. 校准的依据

校准的依据是校准规范或校准方法，可做统一规定也可自行制定。校准的结果记录在校准证书或校准报告中，也可用校准因数或校准曲线等形式表示校准结果。

（六）计量检定印、证

1. 计量检定印、证的含义

计量检定印是施加在计量器具上的一个或多个标记，诸如检定标记、禁用标记、封印标记等。检定标记是施加在计量器具上证明其已检定并符合要求的标记。禁用标记是以明显方式加于计量器具上表明其不符合法定要求的标记。封印标记是用于防止对计量器具进行任何未经授权的修改、再调整或拆除部件等的标记。

计量检定证书是证明计量器具是否符合相关法定要求的文件，它包括检定证书和检定结果通知书。检定证书是证明计量器具已经检定并符合相关法定要求的文件。检定结果通知书（或不合格通知书）是说明计量器具被发现不符合或不再符合相关法定要求的文件。

2. 计量检定印、证的种类

计量检定印、证包括以下内容。

a. 检定证书；

b. 检定结果通知书；

c. 检定合格证；

d. 检定合格印：錾印、喷印、钳印、漆封印；

e. 注销印。

计量检定印、证的规格、式样，由国务院计量行政部门规定。计量检定印、证上使用的代号，是按照全国行政区划编排的。省级以上法定计量检定机构的代号，由国务院计量行政部门规定；省级以下法定计量检定机构的代号，由省级人民政府计量行政部门规定；被授权单位的代号，由授权单位规定。

3. 出具计量检定印、证的法治规定

计量器具经周期检定合格的，由检定单位按照计量检定规程的规定，出具检定证书、检定合格证或加盖检定合格印。

计量器具经周期检定不合格的，由检定单位出具检定结果通知书，或注销原检定合格印、证。

计量器具在检定周期内抽检不合格的，应注销原检定证书或检定合格印、证。

检定证书、检定结果通知书必须字迹清楚、数据无误，有检定、核验、主管人员签字，并加盖检定单位印章。

对伪造、盗用、倒卖强制检定印、证的，有关政府计量行政部门应依照《计量法实施细则》的规定追究法律责任。

二、能源计量人员

（一）能源计量人员的分类

按工作性质来分，能源计量人员一般可分为计量检定人员、计量校准人员、计量管理人员和能源计量数据采集人员。

1. 计量检定人员

计量检定人员是指经过各级政府计量行政部门和各有关部门考核合格取得计量检定证件的，从事有关计量器具检定的人员。

2. 计量校准人员

计量校准人员是指经过培训考核合格，并证明其已掌握所校准范围的计量校准专业知识和操作技能，从事有关计量器具校准的人员。

3. 计量管理人员

计量管理人员是指经过培训，并证明其已掌握所从事的计量管理范围的计量管理专业知识，从事有关计量管理的人员。

计量管理人员包括计量管理决策者、计量职能管理者、计量业务管理员、计量管理内部审核（自查）员、计量监督员等人员。有些与计量管理有关人员如能源管理人员、能源统计分析人员等，虽然他们主要承担着能源管理、统计分析等管理职能或业务工作，但是当他们的工作与计量管理有直接关系时，这些人员也属于计量管理人员。

4. 能源计量数据采集人员

能源计量数据采集人员是指使用或利用能源计量器具获取能源计量结果或数据的人员。

（二）能源计量检定、校准人员的管理

根据国家计量法律、法规的规定，对从事计量检定、校准、测试等技术性较强工作的计量专业技术人员，实行职业准入制度，如注册计量师制度。2007 年原国家质检总局审议通过了《计量检定人员管理办法》（已废止），以加强对计量检定人员监管为手段，以提高检定人员素质为目的，实现计量检定员与注册计量师两种管理制度的对接，着力完善了现行计量检定人员监管体制。2019 年 10 月 15 日，市场监管总局和

人力资源社会保障部发布了《注册计量师职业资格制度规定》《注册计量师职业资格考试实施办法》，目的是加强计量专业技术人员管理、提高计量专业技术人员素质、保障国家量值传递的准确可靠。只有通过考试，获得资格证书后依法注册的专业技术人员才能成为注册计量师。注册计量师正式纳入国家职业资格证书统一管理中。

注册计量师职业资格实行全国统一大纲、统一命题、统一组织的考试制度，原则上每年举行一次。市场监管总局负责拟定注册计量师职业资格考试科目和考试大纲，组织命题、审题和主观题阅卷工作，并提出考试合格标准建议。人力资源社会保障部负责审定注册计量师职业资格考试科目和考试大纲，组织实施注册计量师职业资格考试考务工作，会同市场监管总局确定合格标准，对考试工作进行指导、监督、检查。

凡遵守中华人民共和国宪法、法律、法规，恪守职业道德，诚实守信，从事计量技术工作，符合注册计量师职业资格考试报名条件的中华人民共和国公民，均可申请参加相应级别注册计量师的考试。香港、澳门、台湾居民和外籍人员按照国家有关规定执行。

注册计量师职业资格考试合格，由各省、自治区、直辖市人力资源社会保障部门颁发相应级别注册计量师职业资格证书。该证书由人力资源社会保障部统一印制，市场监管总局与人力资源社会保障部共同用印，证书在全国范围内有效。

按现行《计量法》的规定，从事计量行政部门授权开展计量检定工作的人员，必须经考核合格，并取得计量检定证件。《计量法》及《计量法实施细则》规定执行强制检定和其他检定、测试任务的人员，必须经考核合格。

按《注册计量师职业资格制度规定》的规定，注册计量师注册证有效期为 5 年。注册计量师注册证在有效期限内是注册计量师的执业凭证，由注册计量师本人保管和使用。注册计量师注册有效期届满需继续执业的，应当在届满 60 个工作日前，向执业单位所在地的省级市场监管部门提出延续注册申请。

在注册计量师注册证有效期内，执业单位或者计量专业类别发生变化的，应当向执业单位所在地的省级市场监管部门提出变更注册申请。变更注册申请需要提交注册计量师变更注册申请审批表、注册计量师注册证及复印件。申请新增计量专业类别的，还应当提交相应的计量专业项目考核合格证或原各级质量技术监督部门颁发的计量检定员证及复印件；申请执业单位更名的，还应当提交执业单位更名的相关文件及复印件。申请变更新的执业单位的，应当与原执业单位解除聘用关系，并被新的执业单位正式聘用。

变更注册后，注册计量师注册证有效期仍延续原注册有效期。原注册有效期届满在 6 个月以内的，可以同时提出延续注册申请。准予延续的，注册有效期重新计算。变更注册的受理和批准程序同初始注册。

（三）能源计量工作其他人员的基本要求

《能源计量监督管理办法》第十二条规定：“重点用能单位应当配备专业人员从事能源计量工作。重点用能单位的能源计量工作人员应当具有能源计量专业知识，定期接受能源计量专业知识培训。”

这一条规定了重点用能单位对能源计量人员的基本要求：

一是明确重点用能单位应当配备专业人员从事能源计量工作，实行岗位责任职责制，有效实施能源计量管理。

二是重点用能单位从事能源计量管理、能源计量器具检定／校准和维护、能源计量数据采集、能源计量数据统计分析等人员，应当定期接受能源计量专业知识培训，掌握从事岗位所需的专业技术和业务知识，具备能源计量技术和业务能力。

根据企业规模，用能单位可单独设立能源计量器具的管理人员，也可由能源管理员兼职。

三、能源计量数据

（一）能源计量数据管理制度

《能源计量监督管理办法》第九条规定：“用能单位应当加强能源计量数据管理，建立完善的能源计量数据管理制度。用能单位应当保证能源计量数据与能源计量器具实际测量结果相符，不得伪造或者篡改能源计量数据。”

能源计量数据是用能单位对外进行能源结算，对内进行能源控制、能耗定额考核和能源成本核算的依据，因而，用能单位应当建立完善的能源计量数据管理制度，加强能源计量数据管理。

能源计量数据管理制度包括能源量计量检测、能源计量数据采集、能源计量数据记录、能源数据统计分析、能源统计报表、能源数据使用等环节。

（二）能源计量数据的公正计量

《能源计量监督管理办法》第十三条规定：“用能单位可以委托有关计量技术机构对大宗能源的贸易交接、能源消耗状况实行第三方公正计量。”

能源公正计量制度主要适用于大宗能源的贸易交接。建立能源公正计量制度有助于保护交易双方的合法利益，为大宗贸易提供便利化服务，避免双方因计量问题而妨碍交易的达成，促进大宗贸易交接的顺利进行，同时促进社会主义市场经济的进一步繁荣和发展。能源公正计量是自愿的，用能单位可以委托社会第三方公正机构对大宗能源的贸易交接、能源消耗状况实行第三方公正计量。

（三）能源计量数据的统计分析

《能源计量监督管理办法》第十条规定："用能单位应当将能源计量数据作为统计调查、统计分析的基础，对各类能源消耗实行分类计量、统计。"

依照《统计法》的规定，实行能源统计报表制度是国家统计调查的一部分，为各级政府制定政策、规划，进行经济管理提供依据。各地区、各部门、有关单位要按照全国统一规定的范围、计算方法、统计口径和填报目录，并根据国家统计局规定的能源统计报表制度的内容，认真组织实施，按时报送。用能单位内部对能源消耗进行定期统计分析也是节能管理的一个重要环节。能源报表数据的准确与否直接关系着各级政府制定政策、规划和用能单位内部制定节能措施的正确性，因此用能单位应当将能源计量数据作为统计调查、统计分析的基础，对各类能源消耗实行分类计量、统计，确保能源报表数据的准确可靠。

（四）能源计量数据的应用

《能源计量监督管理办法》第十一条规定："重点用能单位制定年度节能目标和实施方案，应当以能源计量数据为基础，有针对性地采取计量管理或者计量改造措施。"

据此，重点用能单位制订并实施节能计划和节能技术措施是《节约能源法》的法定要求。而制定年度节能目标和实施方案是实施节能计划和节能技术措施的重要保证。

（五）能源统计报表数据管理要求

《节约能源法》第二十一条规定："县级以上各级人民政府统计部门应当会同同级有关部门，建立健全能源统计制度，完善能源统计指标体系，改进和规范能源统计方法，确保能源统计数据真实、完整。"第五十三条规定："重点用能单位应当每年向管理节能工作的部门报送上年度的能源利用状况，能源利用状况包括能源消费情况、能源利用效率、节能目标完成情况和节能效益分析、节能措施等内容。"

《重点用能单位节能管理办法》第五条规定："对重点用能单位实行节能目标责任制和节能考核评价制度。地市级以上人民政府管理节能工作的部门会同有关部门，将能耗总量控制和节能目标分解到重点用能单位，对重点用能单位分级开展节能目标责任评价考核，主要考核重点用能单位能耗总量控制和节能目标完成情况、能源利用效率及节能措施落实情况，逐级报送考核结果，并将考核结果向社会进行公布。"

《重点用能单位节能管理办法》第十四条规定："重点用能单位应当按照国家有关规定实施能源审计，分析现状，查找问题，挖掘节能潜力，提出切实可行的节能措施，并向县级以上人民政府管理节能工作的部门报送能源审计报告。县级以上人民政府管理节能工作的部门对重点用能单位的能源审计报告进行审核，并指导和督促重点用能单位落实节能措施。”

重点用能单位应当加强能源计量管理，健全能源消费统计分析报送制度，定期进行能耗统计分析，建立包括能源的购入、消费、库存、损耗、加工转换、质量化验等内容的能源计量原始记录和统计台账，定期向统计、节能行政主管部门报送能源统计报表。

（六）重点用能单位能源消耗的统计考核指标

《中华人民共和国国民经济和社会发展第十四个五年规划和2035年远景目标纲要》确定的“十四五”时期经济社会发展主要目标中，确定的生态文明建设目标为，国土空间开发保护格局得到优化，生产生活方式绿色转型成效显著，能源资源配置更加合理、利用效率大幅提高，单位国内生产总值能源消耗和二氧化碳排放分别降低13.5%、18%，主要污染物排放总量持续减少，森林覆盖率提高到24.1%，生态环境持续改善，生态安全屏障更加牢固，城乡人居环境明显改善。

单位国内生产总值能源消耗降低13.5%和二氧化碳排放降低18%的指标，是国家以国家规划的强制性目标形式，明确提出的一个节能、减排量化指标，并将其分解、落实到各地区和选定的万家重点用能单位。同时，各地区的有关政府部门也在本地区的行业和企业等层面进一步落实地区和重点用能单位所承担的节能指标。

第六节　能源计量涉及的法律责任

一、重点用能单位的法律责任

《能源计量监督管理办法》第十八条规定：“违反本办法规定，用能单位未按照规定配备、使用能源计量器具的，由县级以上地方市场监督管理部门按照《中华人民共和国节约能源法》第七十四条等规定予以处罚。”

《节约能源法》第七十四条规定：“用能单位未按照规定配备、使用能源计量器具的，由产品质量监督部门责令限期改正；逾期不改正的，处一万元以上五万元以下罚款。”

《能源计量监督管理办法》第十九条规定：“违反本办法规定，重点用能单位未按照规定配备能源计量工作人员或者能源计量工作人员未接受能源计量专业知识培训的，由县级以上地方市场监督管理部门责令限期改正；逾期不改正的，处1万元以上3万元以下罚款。”

《能源计量监督管理办法》第二十条规定：“违反本办法规定，拒绝、阻碍能源计量监督检查的，由县级以上地方市场监督管理部门予以警告，可并处1万元以上3万元以下罚款；构成犯罪的，依法追究刑事责任。”

《计量法》第二十五条规定：“属于强制检定范围的计量器具，未按照规定申请检定或者检定不合格继续使用的，责令停止使用，可以并处罚款。”

《计量法》第二十六条规定：“使用不合格的计量器具或者破坏计量器具准确度，给国家和消费者造成损失的，责令赔偿损失，没收计量器具和违法所得，可以并处罚款。”

《计量法实施细则》第四十三条规定：“属于强制检定范围的计量器具，未按照规定申请检定和属于非强制检定范围的计量器具未自行定期检定或者送其他计量检定机构定期检定的，以及经检定不合格继续使用的，责令其停止使用，可并处一千元以下的罚款。”

《计量法实施细则》第四十六条规定：“使用不合格计量器具或者破坏计量器具准确度和伪造数据，给国家和消费者造成损失的，责令其赔偿损失，没收计量器具和全部违法所得，可并处二千元以下的罚款。”

二、政府能源计量监督管理人员的法律责任

《能源计量监督管理办法》第二十一条规定：“从事能源计量监督管理的国家工作人员滥用职权，玩忽职守，徇私舞弊，情节轻微的，给予行政处分；构成犯罪的，依法追究刑事责任。”

《计量违法行为处罚细则》第二十二条规定：“计量检定人员有下列行为之一的，给予行政处分；构成犯罪的，依法追究刑事责任：

（一）违反检定规程进行计量检定的；

（二）使用未经考核合格的计量标准开展检定的；

（三）未取得计量检定证件进行计量检定的；

（四）伪造检定数据的。”

《计量违法行为处罚细则》第二十三条规定：“计量检定人员出具错误数据，给送检一方造成损失的，由其所在的技术机构赔偿损失；情节轻微的，给予计量检定人员行政处分；构成犯罪的，依法追究其刑事责任。”

《计量违法行为处罚细则》第二十四条规定：“执行强制检定的工作计量器具任务的机构无故拖延检定期限的，送检单位可免交检定费；给送检单位造成损失的，应赔偿损失；情节严重的，给予直接责任人员行政处分。”

第三章　能源计量器具

第一节　流量计

一、概述

流量计是用于测量管道或明渠中流体流量的一种仪表，是工业测量中最重要的仪表之一。随着科学技术的发展，对流量测量的准确度和测量范围要求越来越高，为了适应多种用途，各种类型的流量计相继问世，广泛被应用于石油天然气、石油化工、医药食品、污水处理、能源动力、冶金机械、纸浆造纸和建筑材料等领域。

二、流量计的主要类型

流量测量仪表的种类繁多，目前可供使用的流量仪表种类达几十种之多。主要原因就在于至今还没找到一种对任何流体、任何量程、任何流动状态以及任何使用条件都适用的流量仪表。在工程实践中，每种流量计都有它特定的适用性，但也都有它的局限性。流量计按测量对象划分有封闭管道和明渠两大类；按测量目的又可分为总量测量和流量测量，其仪表分别称作总量表和流量计。流量计的测量原理可分为力学原理、热学原理、声学原理、电学原理、光学原理和原子物理学原理。流量计目前一般可分为：差压式流量计、浮子流量计、容积式流量计、涡轮流量计、电磁流量计、流体振荡流量计中的涡街流量计、质量流量计和插入式流量计、探针式流量计等。

（一）差压式流量计

差压式流量计（如图 3-1 所示）是应用最广泛的一类流量计。差压式流量计是根据安装于管道中流量检测件与流体相互作用产生的差压，以及和已知的流体条件和检测件与管道的几何尺寸来计算流量的仪表。

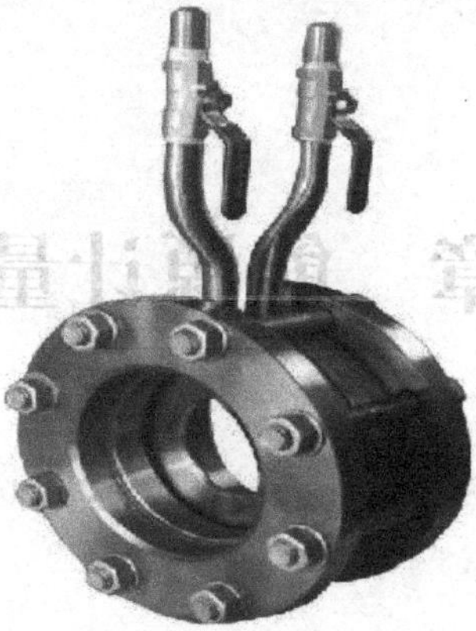

图3-1　差压式流量计

1. 工作原理

充满管道的流体，当它流经管道内的节流件时，流速将在节流件处形成局部收缩，因而流速增加，静压力降低，于是在节流件前后便产生了压差。如图 3-2 所示，流体流量越大，产生的压差越大，这样可依据压差来衡量流量的大小。这种测量方法是以流动连续性方程（质量守恒定律）和伯努利方程（能量守恒定律）为基础的。压差的大小不仅与流量有关，还与其他许多因素有关，如当节流装置形式或管道内流体的物理性质（密度、黏度）不同时，即使在同样大小的流量下产生的压差也是不同的。

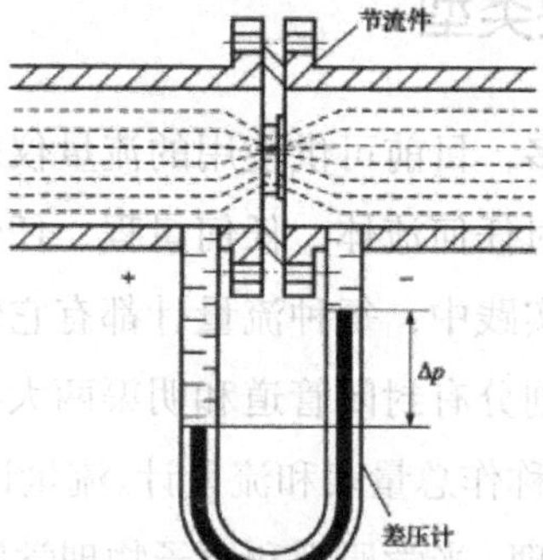

图3-2　节流装置原理图

2. 差压式流量计的分类

差压式流量计可以按照产生压差的作用原理、结构形式以及用途等进行分类。

（1）以检测件形式对差压式流量计分类，如孔板流量计、文丘里流量计、均速管流量计、皮托管原理式毕托巴流量计等。

（2）差压式流量计的检测件按其作用原理可分为节流装置、水力阻力式、离心式、动压头式、动压头增益式及射流式六大类。

（3）检测件又可按其标准化程度分为标准和非标准两类。

所谓标准检测件是只要按照标准文件设计、制造、安装和使用，无须经实流标定即可确定其流量值和估算测量误差。常用的标准节流装置有孔板、喷嘴和文丘里管。

非标准检测件是尚未列入国际标准中的检测件。非标准节流装置不仅仅是指那些节流装置结构与标准节流装置相异的，如果标准节流装置在偏离标准条件下工作亦应称为非标准节流装置。常用非标准节流装置有双重孔板、圆缺孔板、1/4 圆喷嘴和文丘里喷嘴。

（4）按结构形式分类将其可以分为标准孔板、标准喷嘴、经典文丘里管、文丘里喷嘴、锥形入口孔板、1/4 圆孔板、圆缺孔板、偏心孔板、楔形孔板、整体（内藏）孔板、线性孔板、环形孔板、道尔管、罗洛斯管、弯管、可换孔板节流装置和临界流节流装置 17 种。

（5）按用途分类为标准节流装置、低雷诺数节流装置、脏污流节流装置、低压损节流装置、小管径节流装置、宽范围节流装置和临界流节流装置 7 种。

3. 基本特性

差压式流量计应用范围广泛，至今尚无任何一类流量计可与之相比拟；其结构简单、牢固、性能稳定可靠、价格低廉；应用范围广，包括全部单相流体（液、气、蒸汽）、部分混相流，一般生产过程的管径、工作状态（温度、压力）都有相应产品。

差压式流量计存在的主要缺陷是测量的重复性、准确度属于一般水平，影响因素错综复杂，精确度难于提高，测量精度普遍偏低；范围度窄，由于流量系数与雷诺数有关，一般范围度仅 3：1 ~ 4：1；现场安装条件苛刻，有较长的直管段长度要求，一般难于满足。尤其对较大管径，问题更加突出；压损大，通常为维持一台孔板流量计正常运行，水泵需要附加动力克服孔板的压力损失；对腐蚀、磨损、结垢、脏污等状况敏感，长期使用精度难以保证，需定期拆下维护、检定（校准）；采用法兰连接，易产生跑、冒、滴、漏问题，增加了维护工作量。

4. 应用概况

差压式流量计应用范围非常广泛，在封闭管道的流量测量中各种对象都可以应用，如单相、混相、洁净、脏污、黏性流等流体，常压、高压、真空、常温、高温、低温等工作状态，从几毫米到几米的管径；处于亚音速、音速、脉动流等流动条件。

（二）浮子流量计

浮子流量计又称转子流量计（如图 3-3 所示），其应用范围非常广泛，是仅次于差压式流量计的一类流量计。主要用于中小口径流量测量，可以测液体、气体、蒸汽等，特别是在小、微流量方面具有非常重要的作用。

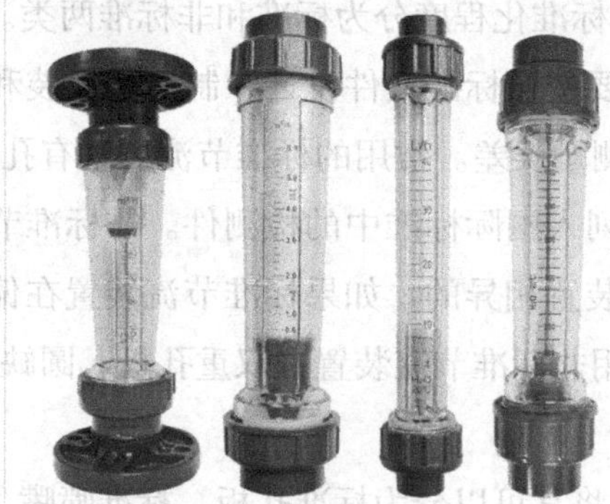

图3-3　浮子流量计

1. 工作原理

浮子流量计，是变面积式流量计的一种。如图 3-4 所示，在一根由下向上扩大的垂直锥管中，根据浮子在锥形管内的高度来测量流量，利用流体通过浮子和管壁之间的间隙时产生的压差来平衡浮子的重量。流量越大，浮子被托得越高，使其具有更大的环隙面积，也即环隙面积随流量变化，所以一般称为面积法。它较多地应用于中、小流量的测量，有配以电远传或气远传发信器的类型。

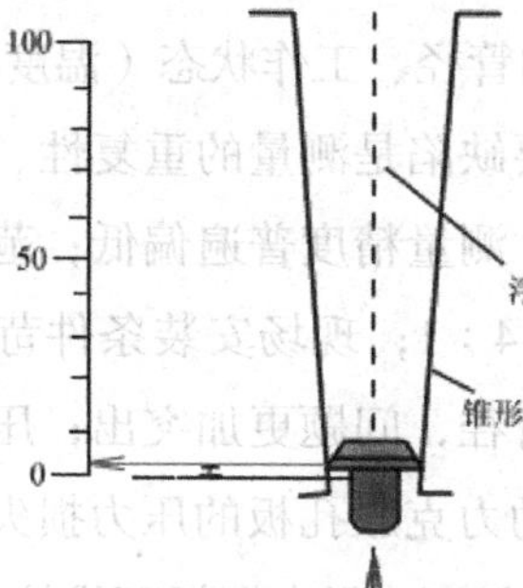

图3-4　浮子流量计结构图

2. 主要类型

浮子流量计可按锥管材料、流量计功能、管道连接方式、被测流体、用途、被测流体通过方式等分类。

（1）按锥管材料分类

按锥管材料进行分类，浮子流量计可分为透明锥形管浮子流量计、金属锥形管浮子流量计。

a. 透明锥形管浮子流量计

透明锥形管材料有玻璃管、透明工程塑料、有机玻璃等。其中用得最多的是玻璃管，但其容易破碎；而工程塑料管不易破碎，有些还耐酸碱液的腐蚀。透明锥形管浮子流量计的口径一般为 15 ~ 40mm，流量分度直接刻在锥管外壁上，或在锥管旁外装分度标尺，锥管内有圆锥体平滑面和带导向棱筋（或平面）两种。浮子在锥管内自由移动，或在锥管棱筋向下移动，较大口平滑面内壁仪表还可以采用导杆导向。

b. 金属锥形管浮子流量计

金属锥形管浮子流量计口径 15 ~ 40mm，通过磁钢耦合等方式，将浮子的位移传给套管外的转换部分。与透明锥形管浮子流量计相比，其可用于较高的介质温度和压力，并且不易破碎。金属锥形管浮子流量计还有其他类型或变形结构。其中直接指示型通过透明直管和浮塞直接观察读取浮子位置；水平安装型可安装于水平管道；直通型与典型结构的直角流通方向不同，不必改变流通方向，可直接连接垂直管道，安装方便；浮塞孔板型以浮塞孔板代替转子锥形管，改变流量规格只要调换不同锥度的浮塞，比较方便。

（2）按流量计功能分类

按流量计功能进行分类，浮子流量计可分为现场指示、气动远传信号输出、电动远传信号输出、报警等类型。透明管浮子流量计都是现场指示型。有时装有接近开关，输出上下限报警信号。远传信号输出型仪表的转换部分将浮子位移量转换成电流或气压模拟量信号输出，分别成为气远传浮子流量计和电远传浮子流量计。

（3）按与管道连接方式分类

按与管道连接方式进行分类，浮子流量计可分为软管连接、法兰连接、螺纹连接。透明管浮子流量计三种连接方法皆有，其中软管连接常用于口径 10mm 以下，仪表和工作压力较低的场所；螺纹连接常用于口径 40mm 以下的仪表，使用范围不广；法兰连接用于口径 15 ~ 100mm 的仪表，应用最为普通。金属管浮子流量计通常为法兰连接，个别型号用螺纹连接。

（4）按被测流体分类

按被测流体进行分类，浮子流量计可分为液体用、气体用、蒸汽用三种类型。大部分浮子流量计同一仪表既可测液体也可测气体。测量蒸汽只能使用专门设计的金属管浮子流量计。

（5）按用途分类

按用途进行分类，浮子流量计可分为基型、夹套保温型、防爆型、耐腐型、吹流型。基型应用最为广泛；夹套保温型用于管路中温度明显高于（或低于）环境温度的场合；在有爆炸性气体或粉尘条件下，电远传浮子流量计应采用防爆型，目前国内有隔爆型设计结构和本质安全防爆设计结构两种类型。耐腐型浮子流量计与介质接触的结构件和浮子用聚四氟乙烯等工程塑料制成。吹流型流量较小，精确度要求不高。吹流型浮子流量计与小型自力式差压调节器组成一体，能适应动力源压力波动或下游参数变化扰动引起的流量变化，自行调节使流量保持恒定。

（6）按被测流体通过方式分类

按被测流体通过方式进行分类，浮子流量计可分为全流型、分流型。全流型指被测流体全部流过浮子流量计的仪表；分流型指只有部分被测流体流过浮子等流量检测部分。分流型浮子流量计由装在主管道上标准孔板和较小口径浮子流量计组合而成，应用于管径大于 50mm 的较大流量和只要就地指示的场所。

3. 主要特性

（1）适用于小口径和低流速，仪表口径在 50mm 以下，如选用对黏度不敏感形状的浮子，流通环隙处雷诺数可低至 40 ~ 500，这时流量系数趋于常数。由于浮子流量计适用的被测流体种类多，因此在小、微流量测量领域中应用最多。

（2）对上游直管段长度要求不高。

（3）宽范围度，一般为 10：1，最低 5：1，最高 25：1。输出特性近似线性，压力损失较低。

（4）玻璃管浮子流量计结构简单，价格便宜，多用于现场就地指示，但玻璃管容易破碎，且不能用在高温高压场所。

（5）金属管浮子流量计可以用在高温高压场所，并且有标准化信号输出，但价格较贵。

（6）大流量仪表结构笨重，一般口径不超过 DN250mm。

（7）使用流体和出厂标定流体不一致时，要进行流量示值修正。一般校准时使用水或空气，现场被测流体密度与黏度有变化时要进行流量示值修正。

4. 浮子流量计的选择

浮子流量计是通过刻有流量标度尺的锥形玻璃管和管内浮子的位置高度，直接观察管道内流体流量的指示型仪表。它主要用来测量非混浊的液体或气体等单向介质的流量。它较其他仪表方便、直观，因此得到了广泛的应用。浮子流量计的选用可从以下几个方面考虑。

（1）作为直观流动指示或测量精度要求不高的现场指示仪表使用，主要解决小、微流量测量。

（2）测量的对象主要是单相液体或气体。

（3）如果只要现场指示，首先可以考虑选用价廉的玻璃管转子流量计。玻璃管转子流量计应带有透明防护罩，以防止玻璃破碎造成流体散溅影响。用于气体时应选用有导杆或带棱筋导向的仪表。如果温度、压力有较高要求，则选用就地指示金属管浮子流量式。

（4）如果需要远距离传输出信号做流量控制或总量计算，一般选用电远传金属管浮子流量计；若环境要求防爆则选用气远传金属管浮子流量计或者防爆型电远传金属管浮子流量计。

（5）测量温度高于环境温度的高黏度液体和降温易析出结晶或易凝固的液体，应选用带夹套的金属管浮子流量计。

5. 浮子流量计的安装

（1）应先检查其技术参数如测量范围、准确度等级、额定工作压力、温度等参数是否符合使用要求。

（2）安装前还应将流量计中起运输保护作用的顶衬物取出，并检查锥管有无破损、浮子能否自由上下移动，确定正常后，方可安装。

（3）新装的管路安装前应冲洗干净。应使转子流量计的最小分度值处于下方，垂直安装在无振动的管道上。转子流量计的中心线与铅垂线的夹角应不超过 5°。大口径流量计由于较重，为避免管道弯曲，必要时可采取加固支承等措施。安装时还需避免转子流量计受过大的拉、压和扭等作用力，以免产生过大的外力而损坏锥管。

（4）必要时应在转子流量计的上游安装过滤器，以防杂质污染、卡塞转子流量计。若流体不稳定，还应安装缓冲器，以消除脉动流。转子流量计在开启时，应先缓慢旋开流量计上游管道上的控制阀门，然后用调节阀调节流量，以免突然开启造成浮子急速上升而击损锥管。为防止管路中的回流或有水锤作用损坏流量计，可在流量计下流阀门之后安装单向逆止阀。

6. 浮子流量计的使用

（1）流量计在使用时，应缓慢开启上游阀门至全开，然后用流量计下游的调节阀调节流量。流量计停止工作时，应先缓慢关闭流量计上游阀门，然后再关闭流量计的流量调节阀。

（2）使用时应避免被测流体压力的急骤变化。

（3）使用中的流量计，若发现有渗漏，应均匀地紧固压盖螺栓或压紧帽。此时应避免过分紧固而夹碎锥管。

（4）若锥管和浮子玷污，应及时清洗。

（5）被测流体的状态如密度、温度、压力、黏度等与流量计分度状态不同时，必须对示值进行修正。

7. 应用概况

转子流量计主要用于化工、石油、轻工、医药、化肥、化纤、食品、染料、环保及科学研究等各个部门中，其作用是用来测量单相非脉动（液体或气体）流体的流量。

（三）容积式流量计

容积式流量计（如图 3-5 所示）用于测量液体或气体的体积流速，它将流体引入计量空间内，并计算转动次数。叶轮、齿轮、活塞或孔板等用以分流流体。容积式流量计的准确度较高，是测量黏性液体的几种方法之一。但是它也会产生不可恢复的压力误差，需要移动部件。

图3-5　容积式流量计

1. 工作原理

容积式流量计，又称定排量流量计，是流量仪表中准确度最高的一类。它利用机械测量元件把流体连续不断地分割成单个已知的计量空间，根据测量室逐次重复地充满和排放该计量空间流体的次数来测量流体体积总量。

2. 主要类型

容积式流量计按测量元件进行分类，可分为椭圆齿轮流量计、刮板流量计、双转子流量计、旋转活塞流量计、往复活塞流量计、圆盘流量计、液封转筒式流量计、湿式气量计及膜式气量计等。

3. 基本特性

容积式流量计具有准确度高；安装管道条件对计量精度没有影响；可用于高黏度液体的测量；范围度宽；直读式仪表无须外部能源可直接获得累计总量，清晰明了，操作简便等优点。

但容积式流量计也有不足之处。主要是结果复杂，体积庞大；被测介质种类、口径、介质工作状态局限性较大；不适用于高、低温场合；大部分仪表只适用于洁净单相流体；噪声及振动较大。

4. 安装使用

容积式流量计有一个很大的优点，它不需要有较长的前后直管段来形成管内稳定流速分布。这是因为它直接对流体容积进行计量，而不是通过测量流速来得到流量。因此，对管内的速度分布没有要求，这给现场安装带来了很大方便。但是容积式流量计的动静部件之间的间隙很小，为保证测量的精度，一般不允许有磨损产生。所以，容积式流量计对介质的清洁度有一定要求，不能有大量固体微粒进入流量计，在测量含有固体微粒的流体，如河水等时，必须在流量计前加装介质过滤装置，对测量含有气泡的介质时，应该在流量计前安装气体分离装置，以免气体体积被计量在内，而影响液体流量的测量准确度。

5. 应用概况

容积式流量计与差压式流量计、浮子流量计并列为三类使用量最大的流量计，常应用于昂贵介质（油品、天然气等）的总量测量。

（四）涡轮流量计

当流体流经涡轮流量计（如图 3-6 所示）时，流体使涡轮旋转。涡轮的旋转速度与流体的速度相关。通过涡轮感受到的流体平均流速，推导出流量或总量。涡轮流量计可准确地测量洁净的液体和气体。涡轮流量计会产生不可恢复的压力误差，需要移动部件。

图3-6 涡轮流量计

1. 原理

当流体沿着管道的轴线方向流动，并冲击涡轮叶片时，便有与流量、流速和流体密度相关的力作用在叶片上，以推动涡轮旋转。涡轮旋转的同时，叶片周期性地切割电磁铁产生的磁力线，改变线圈的磁通量。根据电磁感应原理，线圈内将感应出脉动的电势信号，此脉动信号的频率与被测流体的流量成正比。

2. 主要特性

（1）优点

a. 准确度高，在所有流量计中，属于最精确的流量计；

b. 重复性好；

c. 无零点漂移，抗干扰能力好；

d. 范围度宽；

e. 结构紧凑。

（2）缺点

a. 不能长期保持校准特性；

b. 流体物性对流量特性有较大影响。

3. 安装要求

（1）保证流体的流动方向与仪表外壳的箭头方向一致，不得装反。

（2）变送器的电源线采用屏蔽线，材质通常为金属，与地面保持可靠的接地。电源种类为直流电源，电压为24V。

（3）变送器安装方向通常为水平，不能垂直安装。

（4）清扫完管道后，再安装涡轮流量计。另外，可以加装过滤器，保证被测介质不洁净时可以进行过滤。

（5）涡轮流量计的磁感应部分不能受到碰撞。

4. 应用概况

涡轮流量计在以下一些测量对象获得广泛应用：石油、有机液体、无机液、液化气、天然气和低温流体。

（五）电磁流量计

电磁流量计（如图3-7所示）是根据法拉第电磁感应定律制成的一种测量导电性液体的仪表。具有导电性的流体在流经电磁场时，通过测量电压可得到流体的速度。电磁流量计没有移动部件，不受流体的影响。在满管时测量导电性液体精确度很高。电磁流量计可用于测量浆状流体的流速。

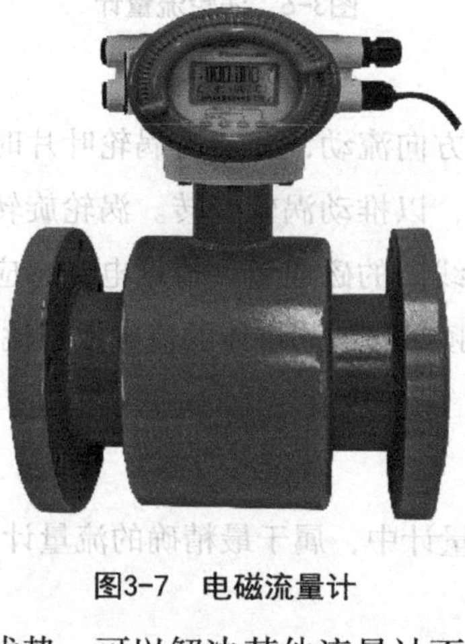

图3-7　电磁流量计

电磁流量计具有独特的优势，可以解决其他流量计不易解决的问题，如脏污流、腐蚀流的测量。

1. **原理**

电磁流量计测量原理为基于法拉第电磁感应定律，工作原理如图 3-8 所示。流量计的测量管是一内衬绝缘材料的非导磁合金短管。两个电极沿管径方向穿通管壁固定在测量管上。线圈励磁时，将在与测量管轴线垂直的方向上产生一磁通量密度为 B 的工作磁场。此时，如果具有一定电导率的流体流经测量管，将切割磁力线感应出电动势。

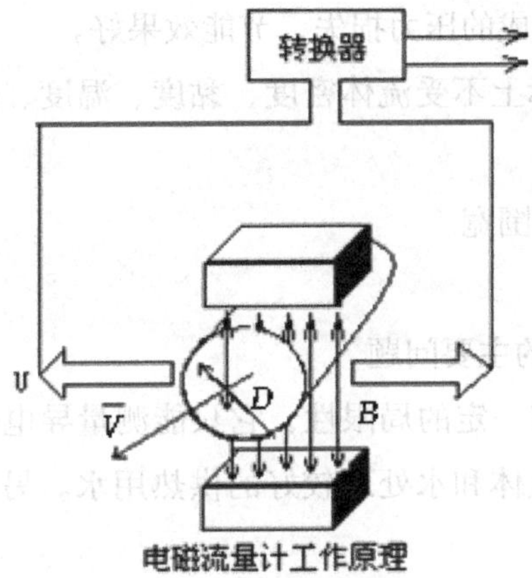

图3-8 工作原理示意图

$$E=KBvD \tag{3-1}$$

式中，E——感应电势，V；

K——仪表常数；

B——磁感应强度，T；

v——测量管道截面内的平均流速，m/s；

D——测量管道截面的内径，m。

感应电动势 E（流量信号）通过两个或两个以上与液体直接接触的电极检出，并通过电缆送至转换器，转换器将流量信号放大处理后，可显示流体流量，通过智能化处理，然后 LCD 显示并转换成标准信号 4 ~ 20mA 模拟电流和 0 ~ 1kHz 脉冲输出，用于流量的控制和调节。

2. **主要类型**

电磁流量计按激磁电流方式进行划分，可分为直流激磁、交流（工频或其他频率）激磁、低频矩形波激磁和双频矩形波激磁。按输出信号连接和激磁（或电源）连线的制式分类，有四线制和二线制。按转换器与传感器组装方式进行分类，可分为分体型和一体型。按流量传感器与管道连接方式进行分类，可分为法兰型、夹持型、卫生型、插入型、螺纹型连接。按流量传感器电极是否与被测液体接触进行分类，可分为接触型和非接触型。按流量传感器结构进行分类，可分为短管型和插入型。按用途进行分类，可分为通用型、防爆型、卫生型、防浸水型和用于明渠流量测量的潜水型。

3. 基本特性

（1）电磁流量计的优点

a. 电磁流量计可用来测量工业导电液体或浆液。

b. 测量通道是光滑直管，不会阻塞，适用于测量含固体颗粒的液固二相流体，如纸浆、泥浆、污水等。

c. 不产生流量检测所造成的压力损失，节能效果好。

d. 所测得体积流量实际上不受流体密度、黏度、温度、压力和电导率变化的明显影响。

e. 流量范围大，口径范围宽。

f. 可应用腐蚀性流体。

（2）电磁流量计存在的主要问题

a. 电磁流量计的应用有一定的局限性，它只能测量导电介质的液体流量，不能测量非导电介质的流量，如气体和水处理较好的供热用水。另外，在高温条件下其衬里需考虑。

b. 电磁流量计是通过测量导电液体的速度确定工作状态下的体积流量。按照计量要求，对于液态介质，应测量质量流量，测量介质流量应涉及流体的密度，不同流体介质具有不同的密度，而且随温度变化。如果电磁流量计转换器不考虑流体密度，仅给出常温状态下的体积流量是不合适的。

c. 电磁流量计的安装与调试比其他流量计复杂，且要求更严格。变送器和转换器必须配套使用，两者之间不能用两种不同型号的仪表配用。安装地点不能有振动，也不能有强磁场。在安装时必须使变送器和管道有良好的接触及良好的接地。变送器的电位与被测流体等电位，在使用时，必须排尽测量管中存留的气体，否则会造成较大的测量误差。

d. 电磁流量计用来测量带有污垢的黏性液体时，黏性物或沉淀物附着在测量管内壁或电极上，使变送器输出电势变化，带来测量误差，电极上污垢物达到一定厚度，可能导致仪表无法测量。

e. 供水管道结垢或磨损改变内径尺寸，将影响原定的流量值，造成测量误差。比如 100mm 口径仪表内径变化 1mm 会带来约 2% 附加误差。

f. 变送器的测量信号为很小的毫伏级电势信号，除流量信号外，还夹杂一些与流量无关的信号，如同相电压、正交电压及共模电压等。为了准确测量流量，必须消除各种干扰信号，有效放大流量信号。

g. 不能用于较高温度。

h. 不能测量气体、蒸汽和含有较大气泡的液体。

i. 价格较高。

4. **电磁流量计的安装**

（1）电磁流量计的安装场所应满足：测量混合相流体时，应选择不会引起相分离的场所；测量双组分液体时，避免装在混合尚未均匀的下游；测量化学反应管道时，要装在反应充分完成段的下游；尽可能地避免测量管内变成负压；选择震动小的场所，特别对一体型仪表；避免附近有大电机、大变压器等，以免引起电磁场干扰；易于实现传感器单独接地；尽可能地避开周围环境有高浓度腐蚀性气体；环境温度和湿度要满足产品相应要求。

（2）直管段长度要求：为获得正常测量精确度，电磁流量传感器上游也要有一定的长度直管段。90° 弯头、T 形管、同心异径管、全开闸阀后通常认为只要离电极中心线（不是传感器进口端连接面）5 倍直径（5D 长度）的直管段，不同开度的阀长度则需 10D；下游直管段为（2~3）D 或无要求。

（3）安装位置和流动方向：传感器安装方向水平、垂直或倾斜均可，不受限制。但测量固液两相流体最好垂直安装，自下而上流动。这样能避免水平安装时衬里下半部局部磨损严重，低流速时固相沉淀等缺陷。水平安装时要使电极轴线平行于地平线，而不能垂直于地平线，因为处于底部的电极容易被沉积物覆盖，顶部电极容易被液体中留存气泡擦过而遮住电极表面，使输出信号波动。

5. **使用注意事项**

液体应具有测量所需的电导率，并要求电导率分布比较均匀。因此，流量传感器安装要避开容易产生电导率不均匀的场所，如工艺要求添加药液，加液点最好设于传感器下游。使用时传感器测量管必须充满液体（非满管型例外）。有混合时，其分布应大体均匀。液体应与地同电位，必须接地。如工艺管道使用塑料等绝缘材料时，输送液体时会产生摩擦静电，造成液体与地间有电位差。

6. **应用概况**

电磁流量计适用于测量封闭管道中导电液体和浆液的体积流量，如污水、各种酸碱盐溶液、泥浆、矿浆、纸浆以及食品方面的液体等。因此，在化工化纤、食品、造纸、制糖、给排水、环保、水利、钢铁、石油、化工、制药等领域应用广泛。

（六）涡街流量计

涡街流量计（如图 3-9 所示）主要用于管道介质流体的流量测量，如气体、液体、蒸汽等多种介质。其特点是压力损失小，量程范围大，精度高，在测量工况体积流量时几乎不受流体密度、压力、温度、黏度等参数的影响。无可动机械零件，因此可靠性高，维护量小。仪表参数能长期稳定。涡街流量计采用压电应力式传感器，可靠性高，可在 -20℃ ~ 250℃的工作温度范围内工作。有模拟标准信号，也有数字脉冲信号输出，容易与计算机等数字系统配套使用，是一种比较先进、理想的测量仪器。

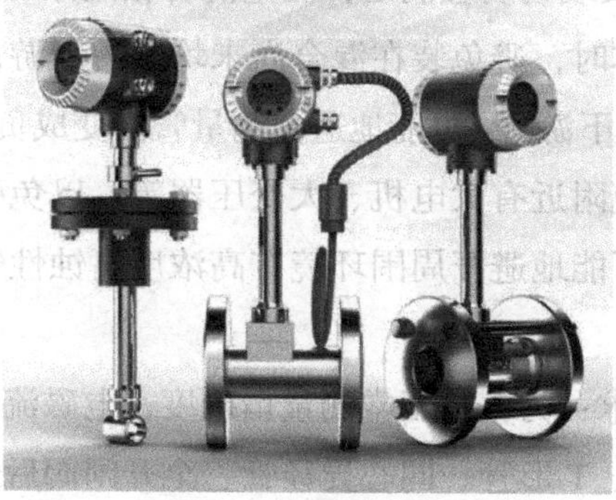

图3-9 涡街流量计

1. 工作原理

如图 3-10 所示，涡街流量计是在流体中安放一根非流线型漩涡发生体，流体在发生体两侧交替地分离释放出两串规则的交错排列的漩涡的仪表。

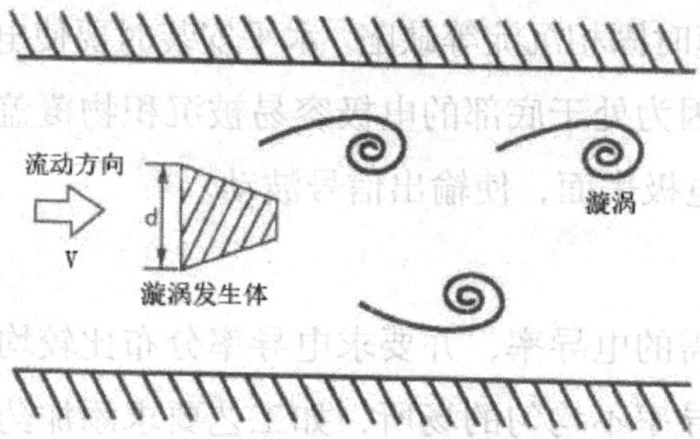

图3-10 涡街流量计工作原理示意图

2. 主要类型

涡街流量计按频率检出方式，可分为应力式、应变式、电容式、热敏式、振动体式、光电式及超声式等。

3. 基本特性

（1）涡街流量计的主要优点

a. 无可动部件，测量元件结构简单，性能可靠，使用寿命长。

b. 涡街流量计的体积流量不受被测流体的温度、压力、密度或黏度等热工参数的影响。一般不需单独标定。它可以测量液体、气体或蒸汽的流量，适用流体种类多。

c. 准确度较高，维护量小。

d. 测量范围宽，量程比一般能达到 1：10。

e. 压力损失小。

（2）涡街流量计的主要缺点

a. 涡街流量计工作状态下的体积流量不受被测流体温度、压力、密度等热工参数的影响，但液体或蒸汽的最终测量结果应是质量流量，对于气体，最终测量结果应是标准体积流量。质量流量或标准体积流量都必须通过流体密度进行换算，也必须考虑流体工况变化所引起的流体密度变化。

b. 造成流量测量误差的因素主要有：管道流速不均造成的测量误差，不能准确确定流体工况变化时的介质密度，将湿饱和蒸汽假设成干饱和蒸汽进行测量。

c. 抗震性能差。外来振动会使涡街流量计产生测量误差，甚至不能正常工作。通道流体高流速冲击会使涡街发生体的悬臂产生附加振动，使测量精度降低。大管径影响更为明显。

d. 对测量脏污介质适应性差。涡街流量计的发生体极易被介质脏污或被污物缠绕，改变几何体尺寸，对测量精度造成极大影响。

e. 直管段要求高。涡街流量计直管段一定要保证前 40D 后 20D，才能满足测量要求。

f. 耐高温性能差。涡街流量计一般只能测量 300 以下介质的流体流量。

4. **涡街流量计的安装**

涡街流量计安装点的上游较近处若装有阀门，不断地开关阀门，对流量计的使用寿命影响极大，非常容易对流量计造成永久性损坏。流量计尽量避免在架空的非常长的管道上安装，这样时间一长后，由于流量计的下垂非常容易造成流量计于法兰的密封泄漏，若迫不得已安装时，必须在流量计的上下游 2D 处分别设置管道紧固装置。

5. **安装的基本要求**

（1）流量传感器可安装在室内或室外，但应避开高压线、旋转机械设备、有毒有害环境、强烈机械振动等危及人身和仪表安全的环境，以及与流量传感器使用条件不相符的温度、湿度环境。选择在安全、便于安装、调试和检修、环境比较好的地方。

（2）在设计流量传感器安装位置时，除考虑直管段条件外，还应给流量传感器的周围留有足够的操作空间，以方便安装、调试和检修。特别是要给人留有安全、方便的操作空间。仪表被安装在高空时，应制作操作平台，确保人在高空操作的安全。

（3）流量传感器可以安装在水平、垂直或倾斜的管道上。但当测量液体时，安装在垂直或倾斜的管道上的流量传感器，必须保证液体的流向自下而上，以保证管道内充满液体，以及抵消附加重力的冲击。

（4）流量传感器的上游和下游应留有较长的直管段，直管段的尺寸根据上游的管道型式不同而有所差异。

（5）安装流量传感器的管道内径必须与流量传感器内径一致，否则在安装流量传感器的那一段上下游管道要进行变径。选择管径的原则是管道内径必须与流量传感器的公称内径一致。两内径的相对误差控制在 ±1% 以内为好。

（6）为了检修拆卸时，不影响连续生产。在有条件的情况下，推荐采用有旁通管道的安装方法。

（7）流量传感器的上游不应安装调节阀或半开阀门，以免影响流量传感器的精确度和稳定性。调节阀或半开阀门应安装在流量传感器下游5D之外。

6. 应用状况

涡街流量计主要用于工业管道介质流体的流量测量，如气体、液体、蒸汽等多种介质。其特点是压力损失小，量程范围大，精度高，在测量工况体积流量时几乎不受流体密度、压力、温度、黏度等参数的影响。无可动机械零件，因此可靠性高，维护量小，仪表参数能长期稳定。涡街流量计采用压电应力式传感器，可靠性高，可在-20℃ ~ 250℃的工作温度范围内工作。有模拟标准信号，也有数字脉冲信号输出，容易与计算机等数字系统配套使用，是一种比较先进、理想的测量仪器。

（七）超声波流量计

超声波流量计（如图3-11所示）是通过检测流体流动对超声束（或超声脉冲）的作用以测量流量的仪表。

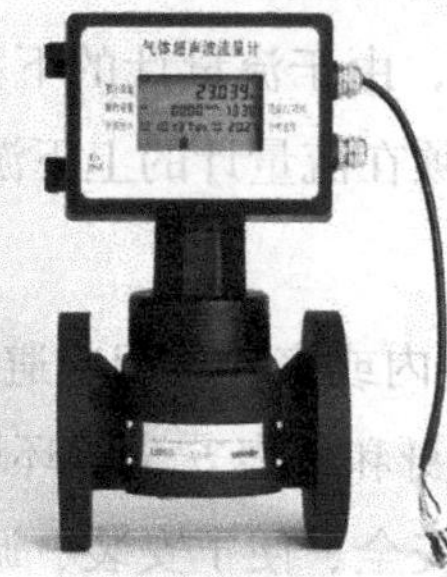

图3-11 超声波流量计

超声波流量计，因流体流通管道内未设置任何阻碍件，属于无阻碍流量计，特别在大口径流量测量方面有较突出的优点，近年来它是发展迅速的一类流量计之一。

1. 基本原理

超声波流量计常用压电换能器。它利用压电材料的压电效应，采用适当的发射电路把电能加到发射换能器的压电元件上，使其产生超声波振动。超声波以某一角度射入流体中传播，然后由接收换能器接收，并经压电元件变为电能，可以检测出流体的流速，并最终得到流量的结果。

2. **主要类型**

（1）根据检测的方式，可分为传播速度差法、多普勒法、波束偏移法、噪声法及相关法等不同类型的超声波流量计。

（2）根据对信号检测的原理，目前超声波流量计大致可分为传播速度差法（包括直接时差法、时差法、相位差法、频差法）、波束偏移法、多普勒法、相关法、空间滤波法及噪声法等类型。波束偏移法是利用超声波束在流体中的传播方向随流体流速变化而产生偏移来反映流体流速的，低流速时，灵敏度很低适用性不大。多普勒法是利用声学多普勒原理，通过测量不均匀流体中散射体散射的超声波多普勒频移来确定流体流量的，适用于含悬浮颗粒、气泡等流体流量测量。相关法是利用相关技术测量流量，原理上，此法的测量准确度与流体中的声速无关，因而与流体温度、浓度等无关，因而测量准确度高，适用范围广。噪声法（听音法）是利用管道内流体流动时产生的噪声与流体的流速有关的原理，通过检测噪声表示流速或流量值。其方法简单，便于测量和携带，设备价格便宜，但准确度低。

由于直接时差法、时差法、频差法和相位差法的基本原理都是通过测量超声波脉冲顺流和逆流传播时速度之差来反映流体的流速的，故又统称为传播速度差法。其中频差法和时差法克服了声速随流体温度变化带来的误差，准确度较高，所以被广泛采用。

（3）按照换能器配置方法不同，传播速度差法又分为Z法（透过法）、V法（反射法）、X法（交叉法）等。

3. **基本特性**

（1）超声波流量计的优点

a. 超声波流量计是一种非接触式测量仪表，它不会改变流体的流动状态，也不会产生压力损失，且便于安装，可用来测量不易接触、不易观察的流体流量和大管径流量。

b. 可以测量强腐蚀性介质和非导电介质的流量。

c. 超声波流量计的测量范围大，管径范围为20～500m。

d. 超声波流量计可以测量各种液体和污水流量。

e. 超声波流量计测量的体积流量不受被测流体的温度、压力、黏度及密度等热物性参数的影响，可以做成固定式和便携式两种形式。

（2）超声波流量计的主要缺点

a. 超声波流量计的温度测量范围不高，一般只能测量温度低于200℃的流体。

b. 传播时间法只能用于清洁液体和气体，而多普勒法只能用于测量含有一定量悬浮颗粒和气泡的液体。

c. 抗干扰能力差。易受气泡、结垢、泵及其他声源混入的超声杂音干扰，影响测量准确度。

d. 直管段要求严格，为前 20D、后 5D。否则离散性差，测量准确度低。

e. 安装的不确定性，会给流量测量带来较大误差。

f. 测量管道因结垢，会严重影响测量准确度，带来显著的测量误差，甚至在严重时仪表无流量显示。

g. 可靠性、精度等级不高（一般为 1.5 ~ 2.5 级左右），重复性差。

h. 使用寿命短（一般精度只能保证 1 年）。

i. 超声波流量计是通过测量流体速度来确定体积流量，对液体应该测量它的质量流量。仪表测量质量流量是通过体积流量乘以人为设定的密度后得到的，当流体温度变化时，流体密度是变化的，人为设定密度值，不能保证质量流量的准确度。只有在测量流体速度的同时，又准确测量了流体密度，才能通过运算，得到准确的质量流量值。

j. 价格较高。

4. **超声波流量计的选择**

应根据被测流体性质、流速分布情况、管路安装地点以及对测量准确度的要求等因素进行选择。由于工业生产中工质的温度常不能保持恒定，故多采用频差法及时差法。只有在管径很大时才采用直接时差法。对换能器安装方法的选择原则一般是：当流体沿管轴平行流动时，选用 Z 法；当流动方向与管轴不平行或管路安装地点使换能器安装间隔受到限制时，采用 V 法或 X 法。当流场分布不均匀而表前直管段又较短时，也可采用多声道（如双声道或四声道）来克服流速扰动带来的流量测量误差。多普勒法适于测量双相流，可避免常规仪表由悬浮粒或气泡造成的堵塞、磨损、附着而不能运行的弊病。

5. **应用状况**

目前的工业流量测量普遍存在着大管径、大流量测量困难的问题，这是因为一般流量计随着测量管径的增大会带来制造和运输上的困难，具有造价提高、能损加大、安装不方便等缺点，但超声波流量计均可避免。因为各类超声波流量计均可管外安装、非接触测量，仪表造价基本上与被测管道口径大小无关，而其他类型的流量计随着口径的增加，造价大幅增加，故口径越大超声波流量计比相同功能其他类型流量计的功能价格比越优越。被认为是较好的大管径流量测量仪表，多普勒法超声波流量计可测双相介质的流量，故可用于下水道及排污水等脏污流的测量。超声波流量汁也可用于气体测量。管径的适用范围为 2cm ~ 5m，从几 m 宽的明渠、暗渠到 500m 宽的河流都可适用。

超声测量仪表的流量测量准确度几乎不受被测流体温度、压力、黏度、密度等参数的影响，又可制成非接触及便携式测量仪表，故可解决其他类型仪表所难以测量的强腐蚀性、非导电性、放射性及易燃易爆介质的流量测量问题。而且一台仪表可适应多种管径测量和多种流量范围测量。超声波流量计的适应能力也是非常突出的。

使用超声波流量计不需要在流体中安装测量元件，不会改变流体的流动状态，也不产生附加阻力，同时仪表的安装及检修均不影响生产管线运行，因此是一种理想的节能型流量计。随着工业的发展及节能工作的开展，煤油混合、煤水泥合燃料的输送和应用以及燃料油加水助燃等节能方法的发展，都为多普勒超声波流量计应用开辟了广阔前景。

（八）热式流量计

热式质量流量计（如图 3-12 所示）在国内也称量热式流量计，是利用流体流过外热源加热的管道时产生的温度场变化来测量流体质量流量，或利用加热流体时流体温度上升某一值所需的能量与流体质量之间的关系来测量流体质量流量的一种流量仪表，其主要用于测量气体的质量流量。热式气体质量流量计是气体流量计量中的新型仪表，区别于其他气体流量计此流量计不需要进行压力和温度修正，可直接测量气体的质量流量，一支传感器可以做到从极低量程到高量程。它适合单一气体和固定比例多组分气体的测量。

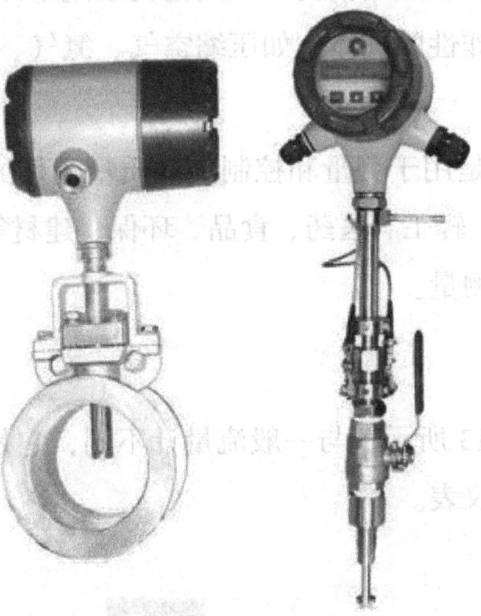

图3-12　热式流量计

1. 工作原理

热式质量流量计是通过测量气体流经流量计内加热元件时的冷却效应来计量气体流量的。气体通过的测量段内有两个热阻元件，其中一个作为温度检测，另一个作为加热器。热式流量计温度传感元件用于检测气体温度，加热器则通过改变电流来保持其温度与被测气体的温度之间有一个恒定的温度差。当气体流速增加，冷却效应显著，保持热电阻间恒温的电流也增大。产生的热量正比于气体质量流量，即供给电流与气体质量流量有一对应的函数关系来反映气体的流量。

2. **主要类型**

热式质量流量计根据热源及测温方式的不同可分为接触式和非接触式两种。

a. 接触式热式质量流量计。这种质量流量计的加热元件和测温元件都置于被测流体的管道内，与流体直接接触，常被称为托马斯流量计，适用于测量气体的较大质量流量。由于加热及测量元件与被测流体直接接触，因此元件易受流体腐蚀和磨损，影响仪表的测量灵敏度和使用寿命。测量高流速、有腐蚀性的流体时不宜选用，这是接触式的缺点。

b. 非接触式热式质量流量计。这种流量计的加热及测温元件都置于流体管道外，与被测流体不直接接触，克服了接触式的缺点。

3. **基本特性**

热式质量流量计具有球阀安装，安装拆卸方便，并可以带压安装；直接测量质量流量，测量值不受压力和温度影响；响应迅速；量程范围大；插入式类型的流量计，一支流量计可以用于测量多种管径等优点。

热式质量流量计的主要缺点是精度不及其他类型流量计，一般为 3%；适用范围窄，只能用于测量干燥的非爆炸性的气体，如压缩空气、氮气、氩气及其他中性气体。

4. **应用**

热式气体质量流量计是用于测量和控制气体质量流量的新型仪表，可用于石油、化工、钢铁、冶金、电力、轻工、医药、食品、环保、建材等领域的空气、烃类气体、可燃性气体、烟道气体的测量。

（九）明渠流量计

明渠流量计（如图 3-13 所示）与一般流量计不同，它是在非满管状态敞开渠道测量自由表面自然流的流量仪表。

图3-13　明渠流量计

明渠流量计广泛应用于所有城市供水引水渠，火电厂引水和排水渠、污水治理流入和排放渠，工矿企业水排放以及水利工程和农业灌溉用渠。

1. **工作原理**

明渠流量计的工作原理是利用超声波技术，测量出液位高度，由于该液位与流量之间有一定的比例关系，因此可根据相应计算公式最终得到液体流量。明渠流通剖面除圆形外，还有U形、梯形、矩形等多种形状。水路按其形态分类，通常称满水管为封闭管道，流动是在水泵压力或高位槽位能作用下的强迫流动。明渠流量计则是靠水路本身坡度形成的自由表面流动。

2. **主要类型**

常用的明渠流量计按测量原理大体可分为堰式流量计、槽式流量计、流速—水位流量计和电磁流量计等。

（1）堰式流量计。在明渠适当位置装一挡板，使水流被阻断，水位上升到挡板上端堰(缺)口,便从堰口流出。水流刚流出的流量小于渠道中原来的流量,水位继续上升，流出流量随之增加，直到流出量等于渠道原流量，水位便稳定在某一高度，测出水位高度便可求取流量。

（2）槽式流量计。缩小渠道一段通道断面成喉道部，喉道因面积缩小而流速增加，其上游水位被抬高，以增加流速所需动能（增加的动能由所抬高水位位能转变过来），测量抬高水位以求取流量。

（3）流速—水位流量计。测出流通通道某局部（点、线或小面积）流速，代表平均流速，再测量水位以求得流通面积，乘以局部流速与平均流速间的系数，经演算求取流量。

（4）电磁流量计又分为潜水式电磁流量计和非满管电磁流量计两类。

潜水式电磁流量计是在渠道中置一挡板以截流，挡板近底部开孔并装潜水电磁流量传感器，水流从流量传感器流过从而测出其流量。

非满管电磁流量计的传感器直接在管道装上同口径圆形暗渠，测量流速的原理与传统电磁流量计的相同，但还具备测量仪表内水位的功能，电极、磁路和测量电路则有较大差别。

3. **主要特性**

（1）结构简单，一般情况下价格便宜，测量精度和可靠性好。

（2）测量范围大，流量测量不受支流面回水的影响。

（3）测量时不受水中漂浮物泥沙、气泡和水位大幅变化的影响流量传感器对水流产生阻力结构简单、体积小、安装方便。

（4）标准渠道不需要改造可直接安装，安装施工费用低。

（5）因水头损失大，不能用于接近平坦地面的渠道。

（6）堰上游易堆积固形物，要定期清理。

4. 明渠流量计的应用

明渠流量计适用于水库、河流、水利工程、城市供水、污水处理、农田灌溉、水政水资源等矩形、梯形明渠及涵洞的流量测量。

三、流量计的选型

如何正确、合理地选用所需要的流量计呢？首先，要对各种流量计的性能有充分地了解，常用流量计性能比较列于表 3-1。其次，要了解计量介质的性能和使用流量计的环境。

（一）从测量目的方面考虑

1. 一般性考虑

流量测量所需的准确度；测量体积流量还是质量流量，瞬时流量还是累积流量；有无必要测量流量的变化情况；流量测量结果的表示方式、经济性要求；被测介质是气体、液体还是混合多相流体；被测介质是否具有腐蚀性或其他特殊的理化特性等。

2. 选择流量仪表时的具体考虑

（1）确定仪表的主要计量性能

流量计的误差大小是和被测流量大小有关的。在实际测量时，为了使流量计本身的使用误差尽可能的小，应该使被测流量值在流量计最大流量的20% ~ 80%的范围内。同时要确定仪表的准确度、重复性、线性度、范围度、信号输出特性、响应时间、压力损失等主要计量性能。

（2）根据测量的用途

流量计在实际使用时有着不同的作用，它可以做计量用，也可以做控制、指示用。由于用途的不同，在流量计准确度、二次仪表的配备、仪表的布置等方面也有着不同的要求。而选择的流量计必须满足这些要求。

（3）根据流量计的使用经济性

由于各种流量计结构的不同，因而在其价格和形成的压力损失都不同。这些因素都会影响流量计使用的经济性。价格选择，属于一次性投资，而压力损失如选择不当，在流量计长期运行中会使流体流动动能损失巨大，造成能源浪费。考虑经济因素方面应包括仪表购置费、安装费、运行费、校验费、维修费、仪表使用寿命、备品备件等。

表3–1　流量计量仪表的主要技术参数

流量计量仪表类别			主要技术参数														
			公称通径或管径/mm	可测流体种类	测量范围/m^3/h	量程比	界限雷诺或界限黏度/$10^{-6}m^2/s$	工作压力/Mpa	工作温度/℃	压力损失/MPa	准确度（%）	安装要求	体积	重量	成本	使用寿命	输出量
差压流量计	节流件	孔板	50～100	液体 气体 蒸汽	1.5～9000 16～10000		$>5\times10^3$～8×10^3	20.0					小	轻	低	中	模拟量
		喷嘴	50～500	液体 气体 蒸汽	5～2500 50～26000	3:1	$>2\times10^4$	20.0	500	$<2\times10^{-2}$	±1～±2	仪表前后要求安装一定长度的直管段	中	中	较低	长	模拟量
		文丘利管	100～1200	液体 气体 蒸汽	30～1800 240～180000		$>8\times10^4$	2.5					大	重	中	长	模拟量
浮子流量计	玻璃锥管		4～100	液体 气体	0.001～40 0.016～1000	5:1—10:1	$>10^4$	1.0	120	1×10^{-4}～7×10^{-3}	±1～±4	必须垂直安装	小	轻	低	中	直接指示
	金属锥管		15～150	液体 气体	0.012～100 0.40～3000		$>10^2$	6.4	200	3×10^{-3}～6×10^{-3}	±2		中	中	中	长	模拟量
容积流量计	椭圆齿轮式		10～250	液体	0.05～500								大	重	中		
	腰轮式		15～400	液体 气体	0.40～1000	10:1	>500	6.4	120	$<2\times10^{-2}$	±0.2～±0.5 ±0.5～±1	仪表前必须安装过滤器、消气器	大	重	较高	中	就地计算定值发讯模拟量或数字量
	旋转活塞式		15～50	液体	0.2～16								中	中	较低		
	皮囊式		15～25	煤气	0.2～10			0.4	40	$<1.3\times10^{-4}$	±2	无要求	小	轻	低	长	就地计算

续表

流量计量仪表类别		主要技术参数													
		公称通径或管径/mm	可测流体种类	测量范围/m^3/h	量程比	界限雷诺或界限黏度/$10^{-6}m^2/s$	工作压力/Mpa	工作温度/℃	压力损失/MPa	准确度(%)	安装要求	体积	重量	成本	使用寿命	输出量
速度式流量计	水表	15～400	水	0.045～2800	>10:1	1	1.0	100	$<2\times10^{-2}$	±2	水平安装	中	中	较低	中	就地计算
	涡轮式	4～500 10～50	液体 气体	0.04～6000 1.5～200	6:1～10:1	$<20\times10^3$	6.4	120	$<2.5\times10^{-2}$	±0.5～±1	水平安装仪表前后要求有一定长度的直管段，必要时仪表前应加装整流器、过滤器和消气器	小	轻	中	中	模拟量或数字量
靶式流量计		15～200	液体 气体 蒸汽	0.8～100	3:1	$>2\times10^3$	6.4	200	$<2.5\times10^{-2}$	±1～±4	仪表前后要求一定长度的直管段	中	中	较低	长	模拟量
电磁流量计		6～1200	导电液体	10～12500	>10:1	无特定限制	1.6	100	较小	±1～±1.5	仪表前后直管长度要求不高	大	重	较高	长	模拟量

续表

流量计量仪表类别			主要技术参数：公称通径或管径/mm	可测流体种类	测量范围/m^3/h	量程比	界限雷诺或界限黏度/$10^{-6}m^2/s$	工作压力/Mpa	工作温度/℃	压力损失/MPa	准确度（%）	安装要求	体积	重量	成本	使用寿命	输出量
漩涡流量计	旋进		50～150	气体	10～5000	10:1～30:1	$>10^4$	1.6	60	$\leqslant \frac{v^2\rho}{2g}$	±1	仪表前后要求安装一定长度的直管段	中	中	中	长	模拟量或数字量
漩涡流量计	涡列	圆柱	150～1000	气体	1～30（m/s）	10:1～30:1	$>10^4$	6.4	150	$2.4\frac{v^2\rho}{2g}$	±1	安装位置不得倾斜，仪表前后要求安装一定长度的直管段，仪表前需装整流器	小	轻	中	长	模拟量或数字量
漩涡流量计	涡列	三角柱	50～200	液体 气体	2～800 30～3000	10:1～30:1	$>10^4$	6.4	100	$2.4\frac{v^2\rho}{2g}$	±1	安装位置不得倾斜，仪表前后要求安装一定长度的直管段，仪表前需装整流器	中	中	中	长	模拟量或数字量
冲量流量计			—	固体粉料	1～25（t/h）	5:1	—	常压	60	—	±1	必须垂直安装	小	较轻	较低	长	模拟量和积算量

注：1.表中液体流量范围按20℃时的水计算列出；

2.表中气体流量范围按20℃、0.1MPa状态下的空气计算列出；

3.节流件流量范围和压力损失：液体按压差25000Pa、直径比0.5计算列出，气体按压差1600Pa、直径比0.5计算列出；

4.表中工作压力和工作温度系基型品种的最高耐压和耐温；

5.蒸汽流量范围按流量计正常工作状态时的压力、温度计算得到。

（二）从被测流体的性质、状态方面考虑

1. 一般性考虑

必须了解被测流体的性质、状态，其中包括流体的组成、密度、黏度、压缩率、腐蚀性、结垢、混相、相变、电导率等以及工作时温度、压力的变化范围，流动是紊流还是层流，是否有脉动流动，是否全部充满管道等。如若是气体，还需了解它的热力学性质。

2. 具体问题的考虑

（1）被测流体的种类

明确被测流体的种类，是选择流量计的重要因素。目前被测流体可以分成如下几种类型：纯净的液体和气体、蒸汽、浆液、黏液、腐蚀液、导电液以及脏液、脏气等。根据这些不同类型的流体，去选择能够测量它们的流量计。

（2）流体的工作状态

使用中的流体，总是处于一种特定的温度、压力环境中的。因此，当流量计测量这些流体时，自然也会受到这种状况的影响。但是不是任何一种流量计都能经受这种状况的作用，如有的流量计在高温、高压条件下是不能正常工作的。这就是根据流体的工作状况，正确选择流量计。压力分成高压、中压、低压，温度也分成低温、常温、高温，应分别予以考虑。

（三）从测量地点方面考虑

流量仪表一般要安装在管道上进行流量测量。因此，在选择流量仪表以前，对于所要安装仪表的地点必须充分了解。如管道布置方向，管道的断面形状、管道的直径、流动方向，是否有足够的空间进行维护保养，附近的电源、气源等情况。

有不少流量仪表在其前后要求安装直管段或整流器、过滤器等辅助设备，因此需了解安装的管道是否有足够的长度。

此外，还需要了解现场环境的温度、湿度、电磁干扰、安全性、防爆、管道振动等状况。

如上所述，正确选择和合理使用流量计是一项综合性的工作，要求细致、周到，这是实现准确测试和计量的必要条件，必须根据实际情况，妥善处理。

第二节　电能计量设备

一、电能表

用来计量某一时间段电能累计值的仪表叫作电能表（如图 3-14 所示）。

图3–14　电能表

电能可以转换成各种能量，如通过电炉转换成热能、通过电机转换成机械能、通过电灯转换成光能等。在这些转换中所消耗的电能为有功电能，记录这种电能的电表为有功电能表。

由电工原理可知，有些电器装置在做能量转换时先需要建立一种转换的环境，如电动机、变压器等要先建立一个磁场才能做能量转换，还有些电器装置是要先建立一个电场才能做能量转换。而建立磁场和电场所需的电能都是无功电能，记录这种电能的电表为无功电能表，功电能在电器装置本身中是不消耗能量的，但会在电器线路中产生无功电流，该电流在线路中将产生一定的损耗。无功电能表是专门记录这一损耗的。

有功电能表的计量单位为 kW·h，无功电能表的计量单位为 kvar·h。

电能表的准确度等级用置于圆圈内的数字表示。在表上还标注有标定电流和额定最大电流、额定电压和额定频率。

1. 电能表的原理

电能表按原理可分为感应式和电子式两大类。

感应式电能表采用电磁感应的原理把电压、电流、相位转变为磁力矩，推动铝制圆盘转动，圆盘的轴（蜗杆）带动齿轮驱动计数器的鼓轮转动，转动的过程即是时间量累积的过程。因此，感应式电能表的优点就是直观、动态连续、停电不丢数据。

电子式电能表运用模拟或数字电路得到电压和电流向量的乘积，然后通过模拟或数字电路实现电能计量功能。由于应用了数字技术，可以实现多种功能，进一步满足了科学用电、合理用电的需求。按附加功能划分，有多费率电能表、预付费电能表、多用户电能表、多功能电能表、载波电能表等。多费率电能表或称分时电能表、复费率表，俗称峰谷表，是近年来为适应峰谷分时电价的需要而提供的一种电能表，属于电子式或机电式电能表。它可按预定的峰、谷、平时段的划分，分别计量高峰、低谷、平段的用电量，从而对不同时段的用电量采用不同的电价，以发挥电价的调节作用，鼓励用电客户调整用电负荷，移峰填谷，合理使用电力资源，充分挖掘发、供、用电设备的潜力；预付费电能表俗称卡表，用 IC 卡预购电，将 IC 卡插入表中可控制按费用电，防止拖欠电费，属于电子式或机电式电能表；多用户电能表一只表可供多个用户使用，对每个用户独立计费，因此可达到节省资源，并便于管理的目的，还利于远程自动集中抄表；多功能电能表集多项功能于一身；载波电能表利用电力载波技术，用于远程自动集中抄表，属电子式电能表。

2. 电能表的类型和型号

电能表的类型和型号分别见表 3-2 和表 3-3。

表3–2 电能表的类型

类型	名称
按用途	有功电能表、无功电能表、最大需量表、标准电能表、复费率分时电能表、按用途预付费电能表（分投币式、磁卡式、电卡式）、损耗电能表、多功能电能表和智能电能表
按工作原理	感应式（机械式）、静止式（电子式）、机电一体式（混合式）
按接入电源性质	交流表、直流表
按结构	整体式、分体式
按接入相线	单相、三相三线、三相四线电能表
按安装接线方式	直接接入式、间接接入式

表3–3 电能表的型号

型号组成		含义
第一部分	类别代号	D：电能表
第二部分	组别代号	按相线，D：单相；S：三相三线；T：三相四线
		按用途，B：标准；D：多功能；J：直流；X：无功；Z：最大需量；F：复费率；S：全电子式；Y：预付费；H：总耗；L：长寿命；A：安培小时计
第三部分	设计序号	用阿拉伯数字表示
第四部分	改进序号	用小写的汉语拼音字母表示
第五部分	派生号	T：湿热和干热两用；TH：湿热带用；G：高原用；H：船用；F：化工防腐用；K：开关板式；J：带接收器的脉冲电能表

3. **电能表的应用**

使用电能表时要注意，在低电压（不超过500V）和小电流（几十安培）的情况下，电能表可直接接入电路进行测量。在高电压或大电流的情况下，电能表不能直接接入线路，需配合电压互感器或电流互感器使用。对于直接接入线路的电能表，要根据负载电压和电流选择合适规格的，使电能表的额定电压和额定电流，等于或稍大于负载的电压或电流。另外，负载的电流要在电能表额定电流值的10%以上，否则计量不准，甚至有时电能表无法启动。所以，电能表不能选得太大，但选得太小也容易烧坏电能表。

二、电能计量装置

电能计量装置包括各种类型电能表、计量用电压、电流互感器及其二次回路、电能计量柜（箱）等。

电能计量装置的分类如下。

电能计量装置根据运行中的电能计量装置按其所计量电能量的多少和计量对象的重要程度分为五类：

1. **I 类电能计量装置**

月平均用电量500万千瓦时及以上或变压器容量为10000kVA及以上的高压计费用户、200MW及以上发电机、发电企业上网电量、电网经营企业之间的电量交换点、省级电网经营企业与其供电企业的供电关口计量点的电能计量装置。

2. **Ⅱ类电能计量装置**

月平均用电量100万千瓦时及以上或变压器容量为2000kVA及以上的高压计费用户、100MW及以上发电机、供电企业之间的电量交换点的电能计量装置。

3. **Ⅲ类电能计量装置**

月平均用电量10万千瓦时及以上或变压器容量为315kVA及以上的计费用户、100MW以下发电机、发电企业厂（站）用电量、供电企业内部用于承包考核的计量点、考核有功电量平衡的110kVA及以上的送电线路电能计量装置。

4. **Ⅳ类电能计量装置**

负荷容量为315kVA以下的计费用户、发供电企业内部经济技术指标分析、考核用的电能计量装置。

5. **V 类电能计量装置**

单相供电的电力用户计费用电能计量装置。

三、电能计量装置的技术要求

（一）电能计量装置的接线方式

1. 接入中性点绝缘系统的电能计量装置，应采用三相三线有功、无功电能表。接入非中性点绝缘系统的电能计量装置，应采用三相四线有功、无功电能表。

2. 接入中性点绝缘系统的3台电压互感器，35kV及以上的宜采用方式接线；35kV以下的宜采用V/V方式接线。接入非中性点绝缘系统的3台电压互感器，宜采用Y_0/y_0方式接线。其一次侧接地方式和系统接地方式相一致。

3. 低压供电，负荷电流为50A及以下时，宜采用直接接入式电能表；负荷电流为50A以上时，宜采用经电流互感器接入式的接线方式。

4. 对三相三线制接线的电能计量装置，其2台电流互感器二次绕组与电能表之间宜采用四线连接。对三相四线制连接的电能计量装置，其3台电流互感器二次绕组与电能表之间宜采用六线连接。

（二）准确度等级

1. 各类电能计量装置应配置的电能表、互感器的准确度等级不应低于表3-4所示值。

表3–4　各类电能装置配置的电能表、互感器的准确度等级

电能计量装置类别	准确度等级			
	有功电能表	无功电能表	电压互感器	电流互感器
Ⅰ	0.2S或0.5	2.0	0.2	0.2S或0.2
Ⅱ	0.5S或0.5	2.0	0.2	0.2S或0.2
Ⅲ	1.0	2.0	0.5	0.5S
Ⅳ	2.0	3.0	0.5	0.5S
Ⅴ	2.0	/	/	0.5S

注：0.2级电流互感器仅指发电机出口电能计量装置中配用。

2. Ⅰ、Ⅱ类用于贸易结算的电能计量装置中电压互感器二次回路电压降应不大于其额定二次电压的0.2%，其他电能计量装置中电压互感器二次回路电压降应不大于其额定二次电压的0.5%。

3. 电能计量装置的配置原则

a. 贸易结算用的电能计量装置原则上应设置在供用电设施产权分界处，在发电企业上网线路、电网经营企业间的联络线路和专线供电线路的另一端应设置考核用电能计量装置。

b. Ⅰ、Ⅱ、Ⅲ类贸易结算用电能计量装置应按计量点配置计量专用电压、电流互感器或者专用二次绕组。电能计量专用电压、电流互感器或专用二次绕组及其二次回路不得接入与电能计量无关的设备。

c. 计量单机容量在 100MW 及以上发电机组上网贸易结算电量的电能计量装置和电网经营企业之间购销电量的电能计量装置，宜配置准确度等级相同的主副两套有功电能表。

d. 35kV 以上贸易结算用电能计量装置中电压互感器二次回路，应不装设隔离开关辅助触点，但可装设熔断器；35kV 及以下贸易结算用电能计量装置中电压互感器二次回路，应不装设隔离开关辅助触点和熔断器。

e. 安装在用户处的贸易结算用电能计量装置，35kV 及以下电压供电的用户，应配置全国统一标准的电能计量柜或电能计量箱。

f. 贸易结算用高压电能计量装置应装设电压失压计时器。未配置计量柜（箱）的，其互感器二次回路的所有接线端子、试验端子应能实施铅封。

g. 互感器二次回路的连接导线应采用铜质单芯绝缘线。对电流二次回路，连接导线截面积应按电流互感器的额定二次负荷计算确定，至少应不小于 $4mm^2$。对电压二次回路，连接导线截面积应按允许的电压降计算确定，至少应不小于 $2.5mm^2$。

h. 互感器实际二次负荷应在 25% ~ 100% 额定二次负荷范围内，电流互感器额定二次负荷的功率因数应为 0.8 ~ 1.0，电压互感器额定二次功率因数应与实际二次负荷的功率因数接近。

i. 电流互感器额定一次电流的确定，应保证其在正常运行中的实际负荷电流达到额定值的 60% 左右，至少应不小于 30%；否则应选用高动热稳定电流互感器以减小变比。

j. 为提高低负荷计量的准确性，应选用过载 4 倍及以上的电能表。

k. 经电流互感器接入的电能表，其标定电流宜不超过电流互感器额定二次电流的 30%，其额定最大电流应为电流互感器额定二次电流的 120% 左右。直接接入式电能表的标定电流应按正常运行负荷电流的 30% 左右进行选择。

l. 执行功率因数调整电费的用户，应安装能计量有功电量、感性和容性无功电量的电能计量装置；按最大需量计收基本电费的用户应装设具有最大需量计量功能的电能表；实行分时电价的用户应装设复费率电能表或多功能电能表。

m. 带有 485 数据通信接口的电能表，其通信协议应符合 DL/T645 的要求。

n. 具有正、反向送电的计量点应装设计量正向和反向有功电量以及四象限无功电量的电能表。

第三节　衡器

一、概述

（一）衡器的概念

传统意义上的衡器是指利用作用在物体上的重力测定质量的计量器具，如天平、计价秤、汽车衡、皮带秤、吊秤、轨道衡、定量包装机、配料系统等。广义的衡器泛指利用各种原理的所有能够测定物体质量的装置以及可以测定与质量有函数关系的相关量值的设备装置，如计数秤、水分测定仪、密度仪、铁路偏载或飞机重心监测分析仪、物料高度检测仪、起重安全警示器等，它们都是衡器大家族中的产品。质量是物体的一种重要基本属性，它是物体惯性和引力大小的量度。衡器使用的质量单位是国家法定计量单位，例如千克（kg）、克（g）、毫克（mg）、微克（μg）、吨（t）。对于特殊应用，如宝石贸易，可以用米制克拉 1ct=0.2g 作为衡器的计量单位。国际法制计量组织（OIML）1992 年公布的衡器的定义为："利用作用在物体上的重力来确定该物体质量的计量仪器（该仪器也可用来确定作为质量函数的其他量值、数值、参数或特征）称为衡器。"

衡器是质量计量仪器的简称，也就是主要用于确定物体质量的一种计量仪器。现代衡器的测量限之比可以达到 10^{15} 的量级，向下可以精准到微克级，向上可以计量千吨级。例如，最大称量为 20g 的天平，分辨力可以达到到 1μg，甚至 0.1μg；电子计价秤最大称量一般是 3kg 或 15kg，其分辨率可以达到分别为 1g 或 5g；电子吊秤最大称量由数百克到数百吨；汽车衡称量为 30t ~ 300t（200t）矿用；钢铁厂中的轨道衡可以称量 800t 的铁液。

（二）质量

衡器计量的对象是物体或物质的质量，衡器计量类属质量计量。质量是自然界中最基本、最主要、最常用的一个物理量，质量的计量单位"千克"是国际单位制（SI）中七个基本单位之一。清楚地了解质量的概念是衡器计量的最基本要求。质量的计量单位是千克，符号是 kg，它等于国际千克原器的质量。国际千克原器保存在法国巴黎国际计量局，它用 90% 铂和 10% 铱的铂铱合金制成，几何形状是高和直径均为 39mm 的圆柱体。国际千克原器是国际单位制中七个 SI 基本单位中，唯一仍在使用的实物基准。质量的特点：质量是物体固有的一种属性，对确定的物体其质量值是一个恒定不变的标量。

（三）杠杆

凡是受到外力作用后，能绕着一个固定点转动的物体称为杠杆。杠杆可以是直杆，也可以是曲杆或其他形式。支点：杠杆绕其转动的固定点 O；重点：被动力的作用点 A；力点：主动力的作用点 B。支点到外力作用线的垂直距离称为杠杆的臂，支点到重点的垂直距离称为重臂（AO），支点到力点的垂直距离称为力臂（OB）。杠杆两臂之比称为臂比，一般用重臂与力臂之比称为臂比。习惯上，将力臂与重臂之比称为杠杆的传力比。根据支点、重点和力点在杠杆中位置的不同，杠杆可分为三类：第一类杠杆，支点位于重点和力点之间的杠杆；第二类杠杆，重点位于支点和力点之间的杠杆；第三类杠杆，力点位于支点和重点之间的杠杆。

（四）衡器称重原理及方法

大多数衡器均采用力学原理制成，如杠杆原理、弹性原理、液压原理等。除此之外，还可应用各种物理现象的压电效应、电磁效应来测量物体的质量，还有利用射线衰减效应制造的核子皮带秤等。

1. 杠杆原理

绝大多数的机械式衡器都是根据杠杆原理制成的。

2. 弹性组件变形原理

弹性组件变形原理的理论依据是胡克定律，即在弹性限度内，弹性物体的变形量与产生此变形量的外力成正比。由胡克定律可知，弹性组件变形量的大小与物体的重力成正比。通过测量被秤量物体作用于弹性组件上的变形量，可实现物体的质量计量。

3. 力—电转换原理

力电转换原理是通过力—电转换组件将作用于其上的被测物体的重力按一定的函数关系转换为电量（电压、电流、频率等）输出，然后用测量显示仪表将被测物体的质量显示出来。由力—电转换组件构成的衡器称为电子衡器。电子衡器通常由称重传感器、显示仪表和承重传力系统构成。称重传感器是电子衡器的核心，根据力—电转换组件的不同形式，常用的称重传感器形式有电阻应变式称重传感器、电容式称重传感器、电压式称重传感器等。

4. 液压原理

利用液体压力传递的性质，根据液面平衡、压强相等原理，衡量得出质量的大小。利用液压原理制成的液压秤并不多见。

（五）衡器的分类

衡量仪器是利用作用于物体上的重力测定物体质量的仪器，按操作方式可按表3-5分类：

表3–5　衡量仪器分类

类型	衡量仪器	操作方式
非自动衡器	台秤	非自行指示
	案秤	
	电子秤	自行指示
	地秤（含数字）	
	静态轨道衡	
自动衡器	皮带秤	自行指示
	自动配料秤	
	自动检重秤	
	自动包装秤	
	动态轨道衡	
	核子秤	

二、常见衡器

常见衡器主要分为电子皮带秤、核子秤、汽车衡、轨道衡等。

（一）电子皮带秤

电子皮带秤（如图3-15所示）是连续累计的一种自动衡器，是在工业生产过程中对皮带传送的散装固体物料进行连续称量，并可测量累计被输送物料的总质量的计量设备。电子皮带秤主要适用于冶金、煤矿、电力、热力、焦化、建筑、食品行业地面皮带机所输送的物料连续计量。

图3–15　电子皮带秤

1. 原理和结构

电子皮带秤由秤架、测速传感器、高精度测重传感器、电子皮带秤控制显示仪表等部件组成，能对固体物料进行连续动态计量。

电子皮带秤称重桥架安装于输送机架上，当物料经过时，计量托辊检测到皮带机上的物料重量通过杠杆作用于称重传感器，产生一个正比于皮带载荷的电压信号。速度传感器直接连在大直径测速滚筒上，提供一系列脉冲，每个脉冲表示一个皮带运动单元，脉冲的频率正比于皮带速度。称重仪表从称重传感器和速度传感器接收信号，通过积分运算得出一个瞬时流量值和累积重量值，并分别显示出来。图 3-16 为皮带秤工作原理示意图。

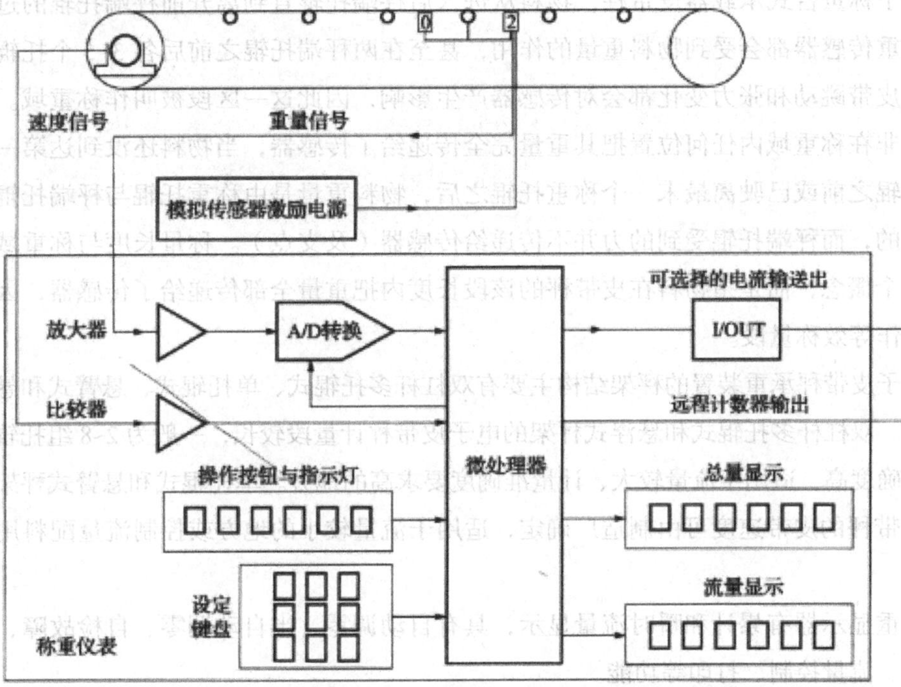

图3–16　皮带秤工作原理示意图

电子皮带秤的基本组成主要包括：皮带输送机及其驱动单元、称重单元、测速单元和信号采集、处理与控制单元。

对于输送机式皮带秤，其整台皮带输送机就是承载器；对于称量台式皮带秤，其称量台和称重托辊以及恰好运行到其上方的那段输送皮带共同构成了承载器。

称重传感器是将被称物料的重力转换为模拟或数字电信号的元件。称量台与称重传感器的组合常被叫作称重单元。

作为动态计量器具的电子皮带秤，用来测量被称物料运行速度的测速传感器也是保证计量准确度的重要元件。

信号采集、处理与控制单元是用以接收、处理传感器输出的电信号并以质量单位给出计量结果，以及完成其他预定功能的电子装置。它可以是单独的一块仪表（如动态称重显示控制器），也可以由几个独立的部分共同组合而成。

2. 皮带秤称量长度表达的意义

称量长度的物理含义是：物料通过皮带秤时，对称量产生等效影响的那一段长度。相当于物料在该段长度的区域时，其重量全部传递给了称重传感器（及支点）；而当物料在该段长度的区域之外时，称重传感器（及支点）未受物料的重力作用。

对于输送机式承载器皮带秤，在其正程皮带上的物料全部重量都通过传力机构传递给了称重传感器（及支点），因此称量长度就等于其头尾轮中心距。

对于称量台式承载器皮带秤，物料从进入后秤端托辊直到离开前秤端托辊的过程中，称重传感器都会受到物料重量的作用，甚至在两秤端托辊之前后各3~5个托辊间距内的皮带跳动和张力变化都会对传感器产生影响，因此这一区段被叫作称重域。但物料并非在称重域内任何位置把其重量完全传递给了传感器，当物料还没到达第一个称重托辊之前或已驶离最末一个称重托辊之后，物料重量是由称重托辊与秤端托辊共同承受的，而秤端托辊受到的力并不传递给传感器（及支点）。称量长度与称重域不是同一个概念，而是指物料在皮带秤的该段长度内把重量全部传递给了传感器，因此也被叫作等效称量段。

电子皮带秤承重装置的秤架结构主要有双杠杆多托辊式、单托辊式、悬臂式和悬浮式四种。双杠杆多托辊式和悬浮式秤架的电子皮带秤计量段较长，一般为2~8组托辊，计量准确度高，适用于流量较大、计量准确度要求高的地方。单托辊式和悬臂式秤架的电子皮带秤的皮带速度可由制造厂确定，适用于流量较小的地方或控制流量配料用的地方。

称重显示器有累计和瞬时流量显示，具有自动调零、半自动调零、自检故障、数字标定、流量控制、打印等功能。

汉字显示在操作时有功能显示，能更好地帮助使用人员进行操作。

3. 电子皮带秤的技术参数

（1）单托辊电子皮带秤主要技术参数如下。

单托辊皮带秤精度：+/-1%；

四托辊皮带秤精度：±0.125%；

称量范围：0 ~ 8000t/h；

皮带宽度：300 ~ 2400mm；

皮带速度：0 ~ 4m/s；

远传传输：1000m；

皮带输送机倾角：0° ~ 30°。

（2）工作条件和安装条件如下。

环境温度：机械，-20℃ ~ +50℃；仪表，0℃ ~ 40℃；

电源电压：220V（+10%、-15%）、50（1 ± 2%）Hz；

相对湿度：<50%。

4. **电子皮带秤的种类**

电子皮带秤可以按多种方法进行分类，主要有以下几种方式。

（1）按电子皮带秤的机械结构类型

a. 按照皮带秤的一体化结构程度可分为嵌装型皮带秤和整机型皮带秤。

嵌装型皮带秤与其配套的皮带输送机是分开设计制造的。在用户现场把称重单元（包括称量台与称重传感器）嵌装于另行置备的皮带输送机的机架上共同组成称重系统。整机型皮带秤所需的输送机，包括输送机架、滚筒与托辊、输送皮带、驱动电机等，与皮带秤称重用零部件设计制造成一体化结构，其输送机长度一般比嵌装型的短。

b. 按皮带秤的承载器型式可分为称量台式皮带秤和输送机式皮带秤。

称量台式皮带秤的承载器只包括部分输送机。此类皮带秤作为皮带输送机的一部分，与皮带输送机一起输送物料。输送机式皮带秤的承载器是一台完整的输送机。此类皮带秤自身具有动力，能独立输送物料。

虽然输送机式皮带秤与整机型皮带秤都自带输送机及其动力，但两者也有明显的区别，同时嵌装型皮带秤与称量台式皮带秤的概念也并非完全等同。输送机式皮带秤一般都是整机型皮带秤；但称量台式皮带秤，可以是嵌装型的，也可以是整机型的，这两种类型都很常见。具有称量台的整机型皮带秤的承载器是称量台及恰运行于其上的那一段皮带，而不是一台完整的输送机。承载器型式的不同，直接跟称重传感器的重量范围有关，同样是整机型皮带秤，承载器为称量台或输送机，选择称重传感器的重量范围的计算公式就不一样。

在称量台式皮带秤中，置于称量台（又称为秤架、秤框或秤台）上的托辊称为称重托辊，而安装于输送机架纵梁上的则称为输送托辊，其中最靠近称重托辊的前后各一组输送托辊又特称为秤端托辊。物料重力的传递途径为输送带→称重托辊→托辊支架→称量台→称重传感器。而在输送机式皮带秤中，物料重力的传递途径为输送带→托辊与滚筒→输送机架→称重传感器。

c. 按称重传感器对于承载器（以及加于其上的物料）的支承方式可分为直荷式皮带秤和杠杆式皮带秤。

直荷式皮带秤的承载器的重量全部由称重传感器（一个或几个）支撑。而杠杆式皮带秤的承载器的重量由称重传感器与作为支点的零部件（如十字或 X 型簧片、橡胶耳轴等）共同承受，承载器相当于杠杆，承载器及物料的重力作用线到支点的距离为动力臂，称重传感器对承载器支承力的作用线到支点的距离为阻力臂。除特殊需要外，杠杆式皮带秤的阻力臂一般都长于动力臂，因此称重传感器仅受到了部分载荷；而直荷式皮带秤受到的是未经缩小的载荷作用力。

承载器为称量台的杠杆式皮带秤又可分为单杠杆式和双杠杆式，后者的称量台分为两截，做成相向安装的成对杠杆。

d. 按称重托辊数量的可分为单托辊皮带秤和多托辊皮带秤。双杠杆式的称重托辊数一般都为偶数，而其他型号的称重托辊数可以是偶数，也可以是奇数。

e. 按称重传感器的安装位置可分为低架皮带秤和高架皮带秤。

称重传感器的弹性体上下两端各有一个受力点，其中一点跟承载器相连，另一点则跟地面（直接或间接）相接的固定构件相连。跟固定构件相连点的位置在输送机架纵梁上方的为高架秤，而该点在纵梁下方的为低架秤。高架秤维修、更换传感器较为方便，但常需配制龙门架，使用的钢材较多。

f. 按输送带驱动电动机的安装位置可分为前驱动皮带秤和后驱动皮带秤。

通常把靠近物料进入处称为输送机尾部，把物料输离处称为头部。正程皮带从尾部向头部行进，回程皮带由头部向尾部折返。习惯上，把靠近头部处叫作前方，靠近尾部处叫作后方。皮带输送机为前驱动方式时，头轮为主动滚筒，尾轮为从动滚筒；皮带输送机为后驱动方式时，尾轮为主动滚筒，头轮为从动滚筒。

（2）按皮带秤所配输送机的设计带速

按皮带秤所配输送机的设计带速可分为单速皮带秤、多速皮带秤和变速皮带秤。其中，多速皮带秤可以在预定的几种快慢不同的带速中换挡，而变速皮带秤则能在一定的速度范围内无级变换。以上皮带秤若在使用中只用其中一种固定的设计带速，又称为恒速秤；若在使用中需改变料流量而在其设计带速范围内调节的，又称为调速秤。

（3）按皮带秤的给料来源

按皮带秤的给料来源可分为喂料皮带秤和拖料皮带秤。喂料皮带秤的料仓中的物料不与输送带直接接触，而是经由另外的给料装置（如振动给料机、圆盘给料机、星型给料机等）陆续喂送到输送带之上。拖料皮带秤的料仓中的物料直接压在输送带上，在输送带运行时将物料拖出。

对于喂料秤，一般以调节给料装置的喂料速度来改变物料流量，可以采用适宜带速的皮带秤；必要时也可以对给料装置的喂料速度和输送机运行速度两者同时调节。对于拖料秤，必须采用变速秤改变输送带运行速度来调节物料流量。

（4）按皮带秤的主要用途

按皮带秤的主要用途分为计量皮带秤和定量皮带秤。计量皮带秤以获得所称物料的连续累计重量为主要目的；定量皮带秤又称配料秤，以控制所称物料的重量流量为主要目的。

（5）电子皮带秤的准确度等级

按现行国际建议（OIML R 50：1996）、国家计量检定规程 JJG 195—2019《连续累计自动衡器（皮带秤）检定规程》、国家标准 GB/T 7721—2007《连续累计自动衡器（电子皮带秤）》规定，电子皮带秤设 0.5 级、1 级、2 级三个准确度等级，即要求在检定时其自动称量物料时的动态累计误差分别不大于 0.5%、1.0%、2.0%；而在初次检定和后续检定时的最大允许误差为前述指标的一半，即分别不大于 0.25%、0.50%、1.00%。也就是说，描述一台秤的准确度时，应同长期允许误差相当。

6. 电子皮带秤的维护和检测

因为皮带秤是动态称重，现场工作状态经常变化，实际上是皮带在不断变化。尽管皮带输送机都装有恒定皮带张力的自动调节装置，但这种自动调节装置只能减少皮带张力变化而不能使之不变。所以，电子皮带秤必须定期检验才能维持称量准确度。皮带秤动态称量时有两个重要指标：一是动态零点（使用零点 Zero）、二是称量量程，有的国家叫跨度，也有的国家叫间隔（Span）。影响电子皮带秤称量主要因素还是动态零点的变化，国家检定规程中的 3 短期零点稳定性和 3 长期零点稳定性的检定时间，是不适合使用中维护考核标准，结合生产过程中实际情况，为了便于日常维护动态零点应以 8 天、24 天或 7 天为考核周期。日本大和（yamato）株式会社规定 CS—EC 系列 S1 型皮带秤，一般 1 ~ 7 天检查皮带秤动态称重零点，其误差不得超过该秤的允许值。国产化称重仪表已具有动态自动置零和零点跟踪功能，国外已成功研制动态自动跟踪去皮重的方法。

秤架上有积尘，传递部分不灵活也能造成零点变化。所以，必须加强现场维护。电力系统规定电子皮带秤实物检验周期，各地区不统一。有 10 天、15 天、30 天这种不切实际的硬规定迫使人们弄虚作假。现场调查结果是规定 10 天检验一次的单位基本是一个月检验二次做假报表一份。规定 15 天检验一次的是一个月检验一次，做假报表一份。遇上雨雪天气或状态性检修也就不检验了。既要维持电子皮带秤称重准确度，又要结合现场实际情况，不调整系数（量程）周期为 30 ~ 40 天。笔者认为这一指标比较适合皮带秤使用周期的实际情况。如果是采用模拟载荷检验装置（滚动链码、循环链码等）检验，必须经实物检验修正后进行检验，修正后的使用周期为 3 ~ 6 个月，没有通过修正的检验装置是不能作为标准器具。检验时标准物料不得超过三个转换点。转换点太多不能保证标准煤不多不少地经过皮带秤称量段，且秤架的安装位置也不合适。给循环链码提供一个准确的修正系数都困难。

7. 配料皮带秤安装要求

配料皮带秤用于物料计量和流量控制使用，为保证其计量的准确性，要求皮带秤运行平稳无震动，各输料组件运转灵活；同时皮带秤在输料时均匀承载，无偏载现象。

因此，特对配料皮带秤和计量皮带秤及计量组件的安装做如下要求：

（1）皮带秤的环境要求

a. 皮带秤安装时应远离风力、雨天、暴晒的环境。

b. 皮带秤安装时应远离有震动源、腐蚀性气体、强磁场及大型电机设备干扰的场所。

（2）皮带固定要求

a. 皮带秤在安装时要求不得与主皮带发生任何关系。

在安装时皮带秤应采用独立的安装支架或平台，安装支架或平台必须稳固及水平。

b. 皮带秤安装时应保证横向和纵向水平。

c. 皮带秤电机必须与皮带秤主体安装在同一平台上，严禁驱动电机采用独立安装支架，安装时应确保驱动电机与皮带秤主动滚筒传动轴保持良好的同轴度。

d. 当皮带秤采用涡轮涡杆减速机时，在安装时要求涡杆水平安装，且在上端。

（3）皮带秤对供料设备的要求

a. 当采用圆盘给料方式时，在圆盘卸料部应安装受料器，受料器的出料咀及安装应等同于拖拉式的下料咀的要求。

b. 当采用拖拉式给料时，下料咀要求处物料高度可调，同时最大调整高度应满足对物料流的堆积要求。同时出料咀出料面应做成沿物料流方向的斜面形状以便于大块物料的排出。

c. 当采用拖拉式给料时，出料咀上部应设计安装闸板阀，以便于皮带秤的检修和调试。为保证皮带秤计量运行的稳定性和精度，要求该闸板阀采用对开双闸板，闸板啮合线与皮带秤输料方向一致。闸板的最大开度不小于出料咀有效出料截面。

d. 料仓上端入料口应设置分料栅板或栅格，其单位下料口径不大于出料设备最小工作流量下的出料咀最小出料高度，以免发生料块堵塞下料咀。

e. 当设备工作环境温度长期处于 0℃以下时，如果物料含水率足以使物料冻结成块状时，应该在料仓上采取加热措施。

（4）皮带秤的空间位置

皮带秤在安装时应满足以下空间位置要求：

a. 皮带秤受料段纵向中心应与料仓下料料流中心线重合，物料流自然堆积应均匀分布在皮带秤受料段中心线两侧，且按物料流方向距受料段前后沿各保持 5cm 的距离，物料流堆积高度不漫料。

b. 当采用圆盘供料方式时，圆盘卸料落差不大于 200mm，同时圆盘不与称体任何部位接触。当皮带秤没有采用收料设备时，应现场制作简易收料溜槽（该溜槽在安装时不得与皮带秤发生接触）。圆盘供料时要求物料流集中，物料流沿皮带秤送料方向断面不大于 200mm，料流在皮带秤上的自然堆积前沿距受料段前沿各保持 5cm 的距离。

c. 当采用拖拉式给料方式时，下料咀不得与皮带接触，下端距皮带保留 5mm 或 2 ~ 3 倍正常物料直径的距离。同时自然堆积的物料边缘距皮带边缘两侧距离底部小于 3cm 的距离，当采用裙边皮带时物料自然堆积的斜面与裙边的交线应低于裙边上缘至少 1cm 的距离。

d. 皮带秤下方距主皮带高度不低于 300mm，并安装输料溜槽，保证物料流均匀分布在主皮带中心。

e. 皮带秤安装适应预留适当的维修维护空间，以便于后期作业。

8. **计量皮带秤安装要求**

（1）皮带秤的环境要求

a. 皮带秤安装时应远离风力、雨天、暴晒的环境。

b. 皮带秤安装时应远离有震动源、腐蚀性气体、强磁场及大型电机设备干扰的场所。

（2）皮带秤安装处输料机机架要求

a. 称体安装部位的输料机不得有伸缩，如接头或是纵梁拼接等可能造成输料机计量部伸缩现象的因素。

b. 整个称重域内拖辊和输送机机架应有足够的刚度，以使域内拖辊间的相对挠曲不超过 0.4mm。

c. 安装称体的输料机倾角不大于 18°。

（3）皮带秤安装位置要求

a. 皮带秤应安装在输料机直线段。

b. 安装处为输料机的皮带张力和张力变化最小的部位，最好安装在靠近尾部的地点。当将称体安装在尾部时应距离装料点不小于5 ~ 9m，同时距离点料板不得小于3 ~ 5 个拖辊间距。

c. 当称体必须安装在凹形皮带附近时，则应保证称安装在输送机直线段并确保整个装料处称的前后至少个有 4 个拖辊与皮带紧密接触。

d. 当称体必须安装在凸弧形曲线附近时，应确保装料点和称之间的皮带在垂直方向不应有弧形，弧形段必须在称量段拖辊之外 6m 或是 5 倍拖辊间距的地方。

e. 当安装皮带秤的输料皮带上有移动卸料器时，应遵守本条第 c 项的要求，同时确保皮带始终皮带运行时器中心线和秤体中心线重合。

f. 为保证称体计量准确，输料机上应只有一个装料点。

g. 为保证计量精度，输料机输送料量应在（20% ~ 120%）Q_{max} 范围内。

（4）对输料皮带的要求

a. 所有长度超过 12m 的皮带输送机均应加装恒定的张力或是拉紧装置。

b. 若长度小于 12m 的皮带输送机易受外部环境影响或是输送机上载荷不稳定，也应加装恒定的张力或是拉紧装置。

c. 皮带运行在输料机机架的纵向中心，无跑偏现象。

（5）对输料皮带拖辊的要求

a. 拖辊的径向跳动、呈拖高度、槽型角的公差应在国标允许范围内。

b. 称量系统选用的托辊和皮带输送机原有的托辊尺寸必须相同、槽型角必须相同。

c. 使用电子皮带秤时，拖辊槽型角最好为 20°。并用样板将称重域内拖辊槽型角进行调整，使之间隙不超过 0.5mm。

d. 用于输料机皮带中心导向的托辊，可安装在距称重段 8 个拖辊间距的地方。

9. 传感器及计量辊的安装要求

一般情况下该系列秤重仪表配用 2 ~ 4 个秤重传感器，计量拖辊通过安装组件安装在传感器或计量称架上。安装时应满足以下几点要求：

（1）传感器安装

a. 计量采用两个传感器时，两个传感器承载点要求在同一水平面。

b. 计量采用两个传感器时，两个传感器承载点联线要求与滚筒轴线平行。

c. 计量采用单个传感器以悬挂方式进行计量时，要求该传感器处于称体中心线上并垂直安装。

d. 当计量采用两个以上传感器时，除满足上述三条的相关要求外，还要满足所有计量传感器称载点处于同一平面，同时该平面与称体输料平面平行。

e. 计量传感器量程和应大于皮带秤输送物料最大流量下计量段物料重量的 120%，同时使用多个传感器时各个传感器量称应相同，性能指标一致。

f. 计量用传感器为径向承载型（如拉式、压式、柱式、轮辐式、桥式等）时，安装后和使用中应保证传感器纵向轴心和水平面秤垂直状态，同时仅承受计量皮带秤垂直载荷。

g. 计量用传感器为剪切承载型（如悬臂梁式、箱式等）时，安装后和使用中应保证传感器承载面和水平面平行无倾斜现象，同时仅承受计量皮带秤垂直载荷。

h. 传感器在安装时应采用高强螺栓，并安装牢固无挪动。

i. 传感器安装完后应妥善保管其合格证。

j. 满足传感器技术指标中对环境的其他要求。

（2）配料皮带秤重托辊的安装要求

a. 计量拖辊应满足处于计量段进出拖辊的中间，轴向中心线和以上两拖辊中心线均平行于传动滚筒轴向中心线。

b. 计量拖辊应平行于进出计量段的两个拖辊，同时径向中心与皮带秤中心线重合。

c. 计量拖辊安装时应高出进出拖辊 2mm。

d. 计量拖辊应无轴向和径向的窜动和震动。

（3）计量皮带秤重托辊的安装要求

a. 计量皮带秤计量拖辊和进出机量称的首位托辊以计量秤眼输料方向中心为中心等间距分布。

b. 计量拖辊槽型中心与输料机其他拖辊槽型中心重合。

c. 计量域拖辊应高出输送机其他托辊 6mm。

d. 计量拖辊应安装牢固无倾斜。

e. 使用电子皮带秤时，拖辊槽型角最好为 20°。并用样板将称重域内拖辊槽型角进行调整，使之间隙不超过 0.5mm。

10. **测速器件的安装要求**

该仪表可连接多种形式的测速传感器，如增量型光栅编码器、托辊式测速传感器、小车实测速传感器。但对于不同类型的计量秤体，从便于安装角度考虑有所区别：配料皮带秤应采用增量型光栅编码器，计量皮带秤应采用后两种类型。因此，安装式的要求也有所不同。

（1）配料皮带秤测速器件的安装

a. 应安装在从动滚筒上，严禁安装在主动滚筒上。

b. 安装时应进行必要的防磕防砸装置且便于检查、拆卸维修。

c. 安装时必须保证编码器和安装滚筒输出轴的同轴度。

d. 编码器和被测滚筒输出轴采用柔性连接，并保证同步灵活旋转。

e. 安装时应考虑到皮带涨紧对连接的同轴度的影响，安装架应方便调整，或做成同步移动型安装架。

（2）计量皮带秤小车式测速器件的安装

计量皮带秤测速器件的安装应遵循就近安装、运行无跳动、长期运行无粘脏的原则，以便于后期的施工和维护保养以及保证测量精度。

a. 测速小车应安装在回程皮带上面。

b. 测速小车测速轮应与检测点皮带紧密接触并同不灵活转动。

c. 安装后测速小车两侧速轮与皮带交点连线应垂直于皮带纵向中心线，同时交点连线的中心线和皮带纵向中心线在垂直面上平行。

d. 安装后测速小车两侧速轮与皮带交点连线应与水平面平行。

e. 安装位置处皮带无弧形变形和倾斜的位置。

f. 安装位置处皮带无下垂。

g. 安装位置皮带无跳动，或调动量较小不会造成测速小车脱离皮带。

h. 安装时严禁将小车安装在平拖辊上方。

i. 安装位置处要求皮带应清洁，环境清洁无重粉尘。如不满足上述条件应在上游位置加装测量面清扫装置和防降尘装置。

（3）计量皮带秤滚筒式测速器件的安装

计量皮带秤测速器件的安装应遵循就近安装、运行无跳动、长期运行无粘脏的原则，以便于后期的施工和维护保养以及保证测量精度。

a. 测速滚筒应安装在回程皮带下面。

b. 测速滚筒应与检测点皮带紧密接触并同不灵活转动。

c. 安装后测速滚筒与皮带交线应垂直于皮带纵向中心线，同时交点连线的中心线和皮带纵向中心线在垂直面上保持平行。

d. 安装后测速滚筒于皮带交线应与水平面平行。

e. 安装位置处要求皮带应清洁。如不满足上述条件应在上游位置加装测量面清扫装置。

f. 测速滚筒应安装牢固并易于拆卸。

g. 测速滚筒与配用的测速元件的安装满足光栅编码器的安装要求。

11. 布线及接线盒的安装

正确的布线和接线盒的安装可以有效地提高系统的抗干扰性。在现场布线施工时应遵循以下要求：

a. 线盒应安装在无振动、无强电磁干扰、防水防尘无结露的环境下。

b. 线盒应安装牢固和易拆卸，同时方便接线和维护。

c. 现场布线应采用采取防砸、抗拉处理装置，同时穿线管盒桥架应安装在固定体上。

d. 布线时信号线不要和动力电源电缆放在同一桥架内，同时要远离强电磁干扰。

e. 现场采用屏蔽电缆单端接低方式接线。

f. 当屏蔽电缆需要连接时，应确保可靠连接和屏蔽。

g. 现场布线尽量采用多芯软线，线径不小于 $0.5mm^2$。当信号传输距离在 100 ~ 200m 时可采用 6 线制接线方式；当信号传输距离在 200 ~ 2000m 时应采用信号变送器以电流信号方式传输。还要满足其他相关仪表布线规范要求。

（二）料斗秤

电子料斗秤（如图 3-17 所示）是对散状物料的自动称量设备，具有对散状物料下料量分批累计、总累计、过载报警、断电记忆保护、故障自诊断等功能，实现对整个下料过程的监控。通过执行机构对整个过程进行实时控制。可根据用户要求调整系统组成，以实现多种功能。该系列料斗秤计量准确度高，运行稳定可靠，广泛应用于冶金、电力、水泥、化工、建材、陶瓷、粮库、码头等行业，是一种新型的现代化的理想智能设备。

图3–17　料斗秤

电子料斗秤分单斗称重、双斗称重两种方式。单斗称重就是物料经给料装置直接进入称重料斗，称重传感器输出重量信号给控制显示仪表，当给料装置停止给料或称重料斗中物料重量达到仪表设定值时，仪表显示并记录每次物料重量和累计值；双斗称重就是在单斗称重料斗上部增加一贮料斗，给料装置向贮料斗供料。贮料斗带有加料闸门，可以按照工艺要求向称重料斗加料。和单斗称重相比，双斗称重过程中，给料装置可以连续运行，且更能保证称重的准确性。

（三）电子吊秤

如图 3-18 所示，电子吊秤是能自动检测和显示所吊物料质量和超载报警的装置。

电子吊秤的工作原理由电子元件——称重传感器、放大电路、A/D 转换电路、单片机电路、显示电路、键盘电路、通信接口电路、稳压电源电路等电路组成。

图3–18　电子吊秤

当物体吊挂在拉力表吊钩上时，压力施给传感器，该传感器发生形变，从而使阻抗发生变化，同时使用激励电压发生变化，输出一个变化的模拟信号。该信号经放大电路放大输出到模数转换器，转换成便于处理的数字信号输出到CPU运算控制。CPU根据键盘命令以及程序将这种结果输出到显示器，显示结果。

（四）电子汽车衡

汽车衡是应用于大宗货物计量的主要称重设备。

电子汽车衡（如图3-19所示）利用应变电测原理称重。在称重传感器的弹性体上粘贴有应变计，组成惠斯登电桥。在无负荷时，电桥处于平衡状态，输出为零。当弹性体承受载荷时，各应变计随之产生与载荷成比例的应变，由输出电压即可测出外加载。电子汽车衡是一种新型的电子衡器，具有称量迅速、准确度高、显示直观、功能齐全等特点，其适用于工业、商业、建筑、仓储、货站、集贸市场等行业的计量。

图3-19 电子汽车衡

1. 结构和原理

电子汽车衡主要由承载器、称重传感器（以下简称传感器）、称重显示仪表（以下简称仪表）、连接件、限位装置及接线盒等零部件组成，还可以选配打印机、显示大屏幕、计算机及称重管理软件与稳压电源等外部设备。

被称重物或载重汽车置于承载器台面上，在重力作用下，通过承载器将重力传递至称重传感器，使称重传感器弹性体产生变形，贴附于弹性体上的应变计桥路失去平衡，输出与重量数值成正比例的电信号，经线性放大器将信号放大，再经A/D转换为数字信号，由仪表的微处理机（CPU）对重量信号进行处理后直接显示重量数据。配置打印机后，即可打印记录称重数据，如果配置计算机及称重管理软件可将计量数据通过称重管理系统进行综合管理。

2. 使用与维护

（1）使用规定

a. 使用前，首先应检查秤体是否灵活，各配套部件的性能是否良好。

b. 仪表开机后，待零点稳定后方可使用。

c. 车辆驶入秤台时（或放置重物尽量轻拿轻放），车速应小于 5km/h，然后缓缓刹车，车停稳后再计量。

d. 尽可能停留在秤台的中心位置。

e. 仪表读数必须在“稳定”指示灯点亮时读取正确重量的数值。

（2）维护要求

a. 为保证系统计量准确，免受风雨侵蚀，有利于操作作用，要求设置工棚和计量秤房。

b. 秤台和引坡的交界处应有 10 ~ 15mm 间隙，不得发生碰撞和摩擦。

c. 被计量的载货车重不应超过系统的额定称量值。

d. 为保证衡器的正常计量，应定期对其进行检定。

e. 秤台下部不得卡有异物。

f. 系统加电前必须检查电源和接地装置是否可靠，停机后必须拔下仪表电源插头，切断电源。

（五）核子秤

核子秤（如图 3-20 所示）是一种非接触式的散装物料在线连续计量和监控装置，是利用物料对射线束吸收的原理，根据物料对射线强度的衰减比计算出输送机负荷，再乘以输送机速度得出物料流量及累计量，对输送机传送的散装物料进行在线连续计量的计量器具。核子秤（核子秤）用于各种散装固态物料的在线连续计量及配料控制。广泛应用于水泥、煤炭、炼焦、钢铁、矿山、发电、化工、食品等行业。适用于下列输送机：皮带输送机、螺旋式给料机、槽形链式输送机、刮板式输送机、链斗式输送机、履带输送机。

图3–20　核子秤

核子皮带秤和电子皮带秤的区别如下：

（1）测重原理不同，核子皮带秤是通过物料对射线的吸收来确定荷重信号，而电子皮带秤是通过对设定长度上的物料重量进行称量来确定荷重信号。

（2）准确度不同，核子皮带秤比部分高准确度电子皮带秤准确度要低。

对电子皮带秤来说，流量越大，通常可达到更高的精确度；而对核子皮带秤来说，由于放射源强度的限制，在大流量、高负荷的情况下，透过物料被探测器接收的射线强度太弱，这无疑影响了测量准确度。

因电子皮带秤称重原理是通过皮带测量物料重量，所以皮带输送机的状况，如皮带张力、皮带硬度、皮带跑偏、托辊未校准、托辊偏心等对称量准确度影响很大。核子皮带秤是通过射线吸收原理进行测量，上述因素中除皮带跑偏外，其余因素对核子皮带秤的测量准确度影响非常小。

而物料特性的变化，如品种、成分、含水量、在皮带上断面形状的变化都对测量准确度有影响，如称量物料由煤改为矿石，甚至煤矸石时，都需要重新进行校准。前述这些因素对电子皮带秤的准确度影响很小，但对核子皮带秤准确度的影响较大。

电子皮带秤的使用准确度取决于电子皮带秤的安装质量和维护水平，在安装质量好、维护制度健全、校验设施齐全、操作精心的条件下，电子皮带秤可以达到 ±0.5% 或更高的准确度。但如果安装不好或维护不当，电子皮带秤的使用准确度将明显下降。核子皮带秤虽然准确度一般，但对维护要求不高，使用准确度相对来说比较稳定。

（3）对核子皮带秤有更严格的安全要求，核子皮带秤装有核辐射源，核辐射源通常采用铯（Cs137），其辐射强度对点状射源一般为 3.7×10^{9}Bq（100mCi），对线状射源一般为 6×10^{8}Bq（16mCi）。因此对使用人员和环境条件是有一定要求的，应满足有关法律和相关政府部门规定，保证人员和设备的安全。

（六）电子轨道衡

电子轨道衡（如图 3-21 所示）是称重铁路货车载重的衡器。它分静态轨道衡、动态轨道衡和轻型轨道衡三种。广泛用于工厂、矿山、冶金、外贸和铁路部门对货车散装货物的称量。

静态轨道衡，用于称重静止状态货车载重的轨道衡电子秤，它有机械式、机电结合式和电子式三类。

图3-21　电子轨道衡

1. 机械式静态轨道衡：由承重台、杠杆系统和示值装置三部分构成。称量时，机车以低于 3km/h 的速度将货车准确停止在承重台上，脱钩后，司秤员移动计量杠杆上的大、小游砣使杠杆平衡，按大、小游砣在主、副杠杆上的示值之和读出称量。它具有准确度较高、性能稳定、经济实用等优点。缺点是操作复杂、效率低，不宜安装在列车出入频繁的线路上。

2. 机电结合式静态轨道衡：结构原理与机械式相同。但在传力杠杆连接处装有一个称重传感器，并由称重显示器自动显出称量。

3. 电子式静态轨道衡：由承重台、传感器、称重显示仪表和数字打印机四部分组成。能自动显示称量数值和打印记录，它具有远传信息、连续计量等特点。

动态轨道衡用于称量行驶中货车载重的轨道衡。有机电结合式和电子式两种。计量方式有整车计量、转向架计量和轴计量三种。承重台有单台面、双台面、三台面等。电子式动态轨道衡由承重台、称重传感器、称重显示器、微型计算机和打印机等组成。称量时，列车以小于 15km/h 的速度通过承重台，自动判别车头和货车，利用支撑承重台的传感器，将货车载重转换成电信号并经放大器放大，然后由转换器变换成数字信号输入计算机，处理后即可显示出货车载重的多种数据，并可打印记录。电子动态轨道衡具有操作方便、效率高的特点。不计量时允许列车以 30km/h 的速度通过。动态轨道衡又分为断轨和不断轨完全不同的两种。不断轨轨道衡称量测量区的轨道通过鱼尾板连接铁路轨道，没有独立的承重台，因此没有过车时导致的冲击振动机械磨损。计量方式以轮轴计量和转向架计量为主。微型计算机管理的电子式轨道衡具有功能完备、操作方便、效率高、可靠性高的特点。可安装在铁路正线上，称量时速度可以达到 40（或 60）km/h，不计量时允许列车以更高的运行速度通过，有的还可以测量铁路货车的超重偏载。不断轨轨道衡适合各种轨道车辆快速称重，日过磅数可以超过 500 车，效率较高。

第四节 量热仪

燃烧热是指物质与氧气进行燃烧反应时所放出的热量。它一般用单位物质的量、单位质量或单位体积的燃料燃烧时放出的能量计量。

燃料的燃烧热可以被表示成高热值（HHV），低热值（LHV），或是总热值（GHV）。低热值与以气态形式被排放出来的水有关，因此那些被用来汽化水的能量不能被视为热。总热值与以气态形式被排放出来的水有关，并包括在燃烧之前存在于燃料中的水。高热值相当于燃烧热，如果化合物在燃烧前后都保持在常温之下，在这种情况下燃烧所产生的水为液态水。

测量燃烧热的设备称为量热仪，也称为量热计或热量计。目前，固体和液体燃料发热量的测量主要采用氧弹式量热仪。

一、相关名词术语

（1）弹筒发热量：单位质量的样品在充有过量氧气的氧弹内燃烧，生成的燃烧产物成分为氧气、氮气、二氧化碳、硝酸、液态水、硫酸以及固态灰时所释放出的能量，单位为焦耳每克（J/g）。

注：任何物质（包括煤）的燃烧热，随燃烧物产生的最终温度而改变，温度越高，燃烧热越低。因此，一个严密的发热量定义，应对燃烧产物的最后温度（参比温度）有所规定（ISO 1928 规定的参比温度为 25℃）。但在实际发热量测定时，由于具体条件限制，把燃烧产物的最终温度限定在一个特定的温度或一个很窄范围内都是不现实的。

（2）恒容高位发热量：单位质量的样品在充有过量氧气的氧弹内燃烧，生成的产物成分为氧气、氮气、二氧化碳、液态水、二氧化硫以及固态灰时所释放出的能量，单位为焦耳每克（J/g）。恒容高位发热量可由弹筒发热量减去硝酸生成热和硫酸校正热后得到。

（3）恒容低位发热量：单位质量的样品在恒定容积下，在过量氧气中燃烧，生成的产物成分为氧气、氮气、二氧化碳、气态水、二氧化硫以及固态灰时所释放出的能量，单位为焦耳每克（J/g）。恒容低位发热量可由高位发热量减去水的汽化热后得到。

（4）恒压低位发热量：单位质量的试样在恒压条件下，在过量氧气中燃烧，其燃烧后的物质生成的产物成分为氧气、氮气、二氧化碳、气态水、二氧化硫以及固态灰时所释放出的能量，单位为焦耳每克（J/g）。

（5）热量计的有效热容量：量热仪的量热体系产生单位温升所需要吸收的热量，单位为焦耳每开尔文（J/K）。

二、氧弹式量热仪的原理和构造

氧弹式量热仪的结构如图 3-22 所示，介质置于密闭的氧弹之中，而氧弹置于量热仪的内筒中，水环绕在氧弹四周。当氧弹中的介质燃烧后，氧弹会升温，氧弹周围的水也会升温，通过测量氧弹周围水温的变化，可以计算得出被测介质燃烧后所产生的热值。一定量的燃烧热标准物质苯甲酸在热量计的氧弹内燃烧，放出的热量使整个量热体系（包括内筒、内筒中的介质、氧弹、搅拌器、温度计等）由初态温度升到末态温度；然后将一定量的被测物质再与上述相同条件进行燃烧测定。在相同的条件下，使同一台量热仪产生相同的温升，则认为标定和测量过程产生的热量相同，因此可以得到被测物质的发热量。在整个测量过程中，量热仪的外筒作为隔热的装置，以确保燃烧产生的热量不会从系统传到外界和外界的热量不会传进系统里。

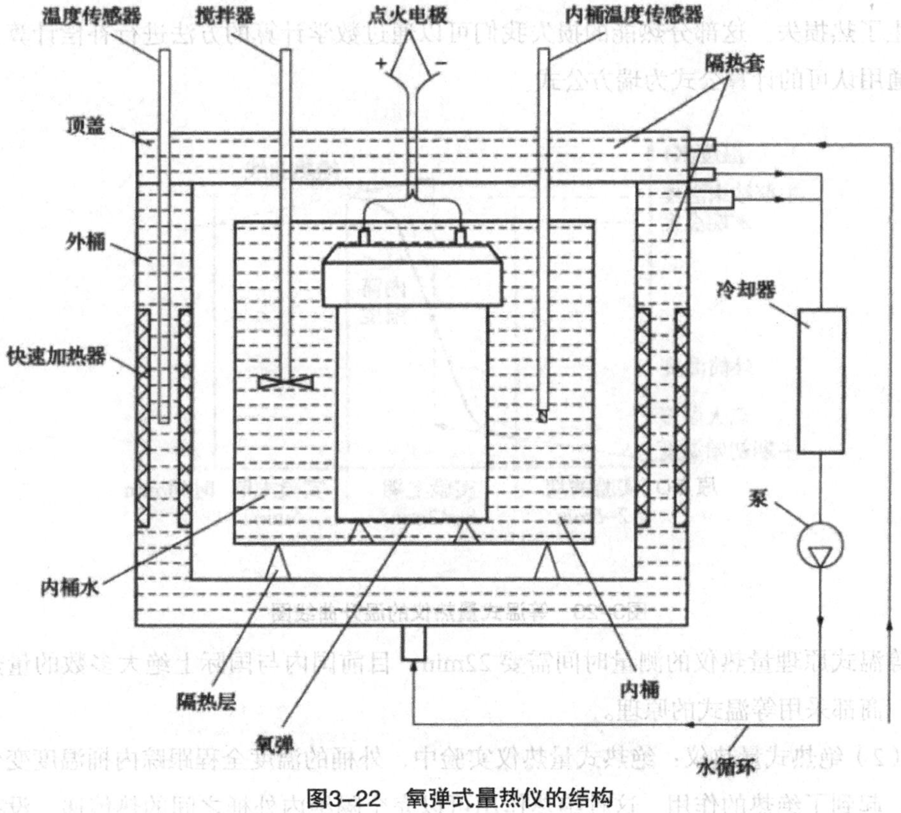

图3–22　氧弹式量热仪的结构

三、量热仪的分类

从上述量热仪的工作原理中可以得知，如果外桶水是恒温的，外桶可以基本杜绝外界温度变化的影响，但是由于介质燃烧后内桶水温度上升，如果外桶水是恒温，势必造成热传导，也就造成了热损失。如果外桶水的温度是跟随内筒水温的变化保持一致，那么热传导就不存在了。

根据对外桶水温控制的不同方式，以及内桶中是否使用水，量热仪可以分为等温式、绝热式和干式量热仪三种

（1）等温式量热仪：外桶水温在整个实验过程中保持不变，保持外桶温度恒定，不要求内外桶的完全绝热，内外桶有少量的热交换。在环境温度保持恒定的情况下，环境对测量的结果影响很小。实验结束后需要对内外桶的热交换进行修正。图 3-23 是等温式量热仪的温升曲线图。

从图 3-23 的温升曲线图中可以看出，在实验主期温升结束后，由于内外桶存在温差，内桶温度高于外筒温度，产生了由内桶向外桶的热传导，内桶温度有所降低，从而产生了热损失。这部分热能的损失我们可以通过数学计算的方法进行补偿计算。国际上通用认可的计算公式为瑞方公式。

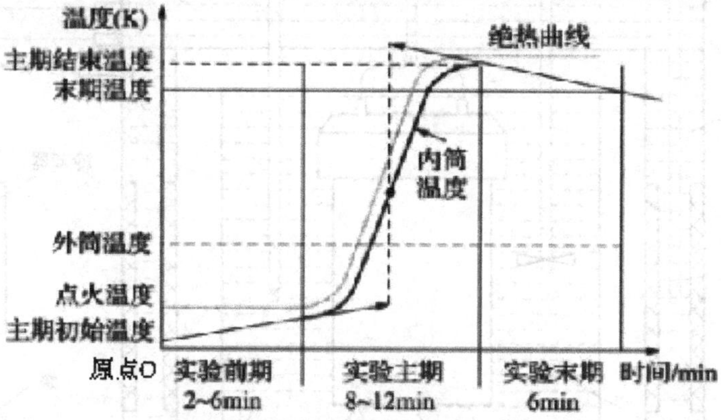

图3-23　等温式量热仪的温升曲线图

等温式原理量热仪的测量时间需要 22min，目前国内与国际上绝大多数的量热仪生产厂商都采用等温式的原理。

（2）绝热式量热仪：绝热式量热仪实验中，外桶的温度全程跟踪内桶温度变化而变化，起到了绝热的作用。这种绝热作用可以完全隔绝内外桶之间的热传递，没有热损失。在保持环境温度恒定的条件下，测量几乎不受任何的外界影响。

图 3-24 为绝热式量热仪的温升曲线图。

从图 3-24 中可以看出，由于内外桶不存在温差，在实验主期温升结束后，没有产生温度的下降，也就不存在热损失，无须像等温量热仪一样做修正计算。

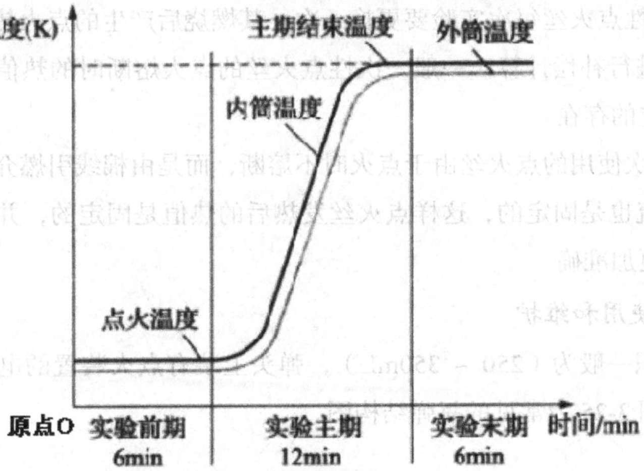

图3-24　绝热式量热仪的温升曲线图

绝热式原理量热仪的测量时间需要 15min，目前国内外只有 IKA 公司能够生产绝热式量热仪。

（3）干式量热仪：也称为无水量热仪，其原理和结构同上述大致相同，但是在氧弹中埋有温度敏感元件。介质在氧弹中燃烧后的热值测量不是通过水温的变化来测得的，而是直接对氧弹的温升进行测量，得到燃烧热值。干式量热仪的特点是测量时间短，一般只需要 4 ~ 5min。但此方法测量结果的重复性较差，目前应用也不多。

四、氧弹的概述

1. 氧弹的功能

氧弹是量热仪中的关键部件，由耐热、耐腐蚀的镍铬或镍铬合金钢制成，具有以下三个主要的功能：

（1）不受燃烧过程中出现的高温和腐蚀性产物的影响而产生热效应；

（2）能承受充氧压力和燃烧过程中产生的瞬时高压；

（3）实验过程中能保持完全气密。

不同材质的氧弹应用于不同的介质测量，一般对于腐蚀性比较强的介质（如含硫酸量超过 3% 情况），建议使用防卤素氧弹，此类氧弹的材质是耐腐蚀的，介质燃烧后对于氧弹的影响很小。

2. 氧弹中的点火丝

氧弹中的点火丝一般是用镍制成的。国内量热仪的点火丝一般都是一次性的，国外的产品点火丝一般是多次使用的。两者在使用中会对测量结果有不同的影响。

（1）一次性点火丝每次实验要更换一次，其燃烧后产生的点火热并不是固定不变的，也就不易进行补偿计算。一般一次性点火丝的点火熔断时的热值是不计算的，这样就产生了误差的存在。

（2）而多次使用的点火丝由于点火时不熔断，而是由棉线引燃介质，其阻值是固定的，点火电流也是固定的，这样点火丝发热后的热值是固定的，并可计算准确。这样测量的结果更加准确。

3. 氧弹的使用和维护

氧弹的容积一般为（250 ~ 350mL），弹头上装有点火装置的电极以及供充氧和排气的阀门。图 3-25 为常见的氧弹结构图。

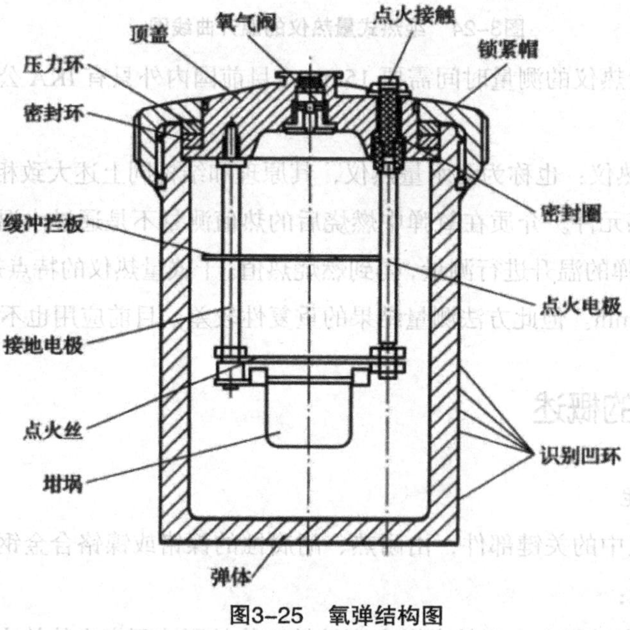

图3-25　氧弹结构图

新使用的氧弹和更换部件（见图 3-26 中的弹筒、弹头、密封圈等）后的氧弹必须经受 20MPa 的水压实验，满足要求后才可以使用。

氧弹在使用一个周期应进行耐压实验。一般一个周期为 1000 次实验或 1 年左右的时间，也可以按照生产厂商对氧弹的要求进行。

不同介质实验中燃烧介质的温度不同，所选择的坩埚材质也不同。一般不锈钢的金属坩埚熔点为 1250℃，需要更高燃烧的介质就要选择熔点更高材质的坩埚，如石英坩埚等。

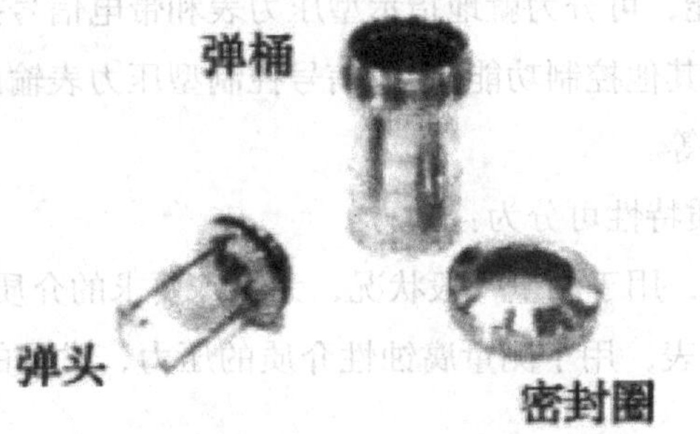

图3–26　氧弹的更换部件

第五节　压力计量器具

一、压力仪表的分类

机械式压力表的工作原理是由压力敏感元件（波登管、膜盒、波纹管）产生的弹性形变，通过表内机芯的转换机构传导至指针，引起指针转动来显示压力。

数字式压力表是将压力传感器输出的模拟信号经放大、线性化，通过 A/D 转换成数字信号，再经 CPU 计算，并显示结果。

压力仪表的分类方式有以下几种。

（1）按准确度，可分为精密压力表、一般压力表。精密压力表包括 0.1 级、0.16 级、0.25 级、0.4 级，一般压力表包括 1 级、1.6 级、2.5 级、4 级。仪表的准确度等级一般在其度盘上进行标识，如①表示其准确度等级是 1 级。对于一些准确度等级很低的压力表，如低于 4 级的压力表，还有一些仅需要指示出压力范围的，如灭火器上的压力表，则可以不标识准确度等级。

（2）按测量参考点，可分为一般压力表、绝对压力表、差压表。一般压力表以大气压力为参考点，测量正压；绝对压力表以绝对压力零位为参考点，测量绝压；差压表测量两个被测压力之差。

（3）按测量范围，可分为真空表、压力真空表、微压表、低压表、中压表及高压表。真空表用于测量小于大气压力的压力值；压力真空表不但可以测量正压压力值，也可测量负压压力值；微压表用于测量小于 60kPa 的压力值；低压表用于测量 0 ~ 6MPa 压力值；中压表用于测量 10 ~ 60MPa 压力值；高压表用于测量 100MPa 以上压力值。

（4）按显示方式，分为指针压力表、数字压力表。

（5）按使用功能，可分为就地指示型压力表和带电信号控制型压力表。一般压力表等除指示压力外无其他控制功能，带电信号控制型压力表输出信号主要有开关信号、电阻信号、电流信号等。

（6）按测量介质特性可分为：

①一般型压力表，用于测量一般状况，无特殊要求的介质压力。

②耐腐蚀型压力表，用于测量腐蚀性介质的压力，常见的有不锈钢型压力表、隔膜型压力表等。

③防爆型压力表，用于有爆炸性混合物的危险场所，常见防爆电接点压力表等。

④专用型压力表，常见氨压力表、氧气压力表、电接点压力表、远传压力表、耐振压力表、带检验指针压力表、双针双管或双针单管压力表等。

二、压力仪表的选型

压力表的选用应根据使用条件和生产工艺要求，针对具体情况分析。一般应考虑以下几个方面的问题。

（1）仪表类型的选用

仪表类型的选用必须满足使用条件和工艺生产的要求。如是否需要远传、自动记录或报警；被测介质的物理化学性质是否有特殊要求（如被测介质的温度、黏度、腐蚀性、脏污程度、易燃易爆性等）；现场环境条件如何（如湿度、温度、磁场强度、振动等）。

测量特殊介质，必须使用专用压力仪表或进行特殊处理。由于普通压力表的弹簧管多采用铜合金（高压的采用合金钢），但氨会与铜产生化学反应，发生爆炸，所以氨用压力表弹簧管的材料都采用碳钢（或者不锈钢），所以普通压力表不能用于氨压力测量。氧气压力表与普通压力表在结构和材质方面完全一样，但是氧用压力表必须禁油，因为油进入氧气系统易引起爆炸。所用氧气压力表在校验时，不能采用油作为工作介质，并且氧气压力表在存放中要严格避免接触油污。如果必须采用现有的带油污的压力表测量氧气压力时，使用前必须用四氯化碳反复清洗，认真检查直到无油污时为止。用于测量黏稠或酸碱等特殊介质时，应选用隔膜压力表、不锈钢弹簧管、不锈钢机芯、不锈钢外壳或胶木外壳。

（2）测量范围的确定

为了保证压力仪表能在安全范围内可靠地工作，在选择压力表量程时，必须充分了解被测压力的大小和压力变化的快慢，确定合适的测量范围。压力表的上限值应该高于工艺生产中可能的最大压力值。在测量稳定压力时，实际最大工作压力应不超过压力表测量上限值（或量程）的 2/3（正压表）；测量脉动压力时，最大工作压力应不超过测量上限值（或量程）的 1/2；测量高压时，最大工作压力应不超过测量上限值（或量程）的 3/5。一般被测压力的最小值应不低于仪表测量上限值（或量程）的 1/3。从而保证仪表的使用安全，以及仪表测量结果的准确度和灵敏度。

根据被测参数的最大值和最小值计算出仪表的上限、下限后，应在国家规定的标准系列中选取。测量上限应符合下列之一：1×10^n、1.6×10^n、2.5×10^n、4×10^n、6×10^n。分度值应符合 1×10^n、2×10^n、5×10^n，其中 n 是正整数、负整数或零。

（3）准确度等级的选取

应根据使用条件和工艺生产要求的最大允许误差、选定仪表的测量范围（量程），并计算出仪表允许的最大引用误差，在国家规定的准确度等级标准系列中选定确定仪表的准确度。

（4）管理要求

压力表属于依法管理计量器具，必须有产品编号、制造计量器具许可证标志、准确度等级等标识。

三、压力表的安装

（1）压力表的安装位置应符合安装状态的要求，表盘一般不应水平放置，安装位置的高低应便于工作人员观测。

（2）压力表安装处与测压点的距离应尽量短，要保证完好的密封性，不能出现泄漏现象。

（3）在安装的压力表前端应有缓冲器；为便于检验，在仪表下方应装有切断阀；当介质较脏或有脉冲压力时，可采用过滤器、缓冲器和稳压气等。

（4）靠墙安装时，应选用有边缘的嵌装式凸装式和压力表；直接安装于管道上时，应选用无边缘的直接安装式压力表；用于直接测量气体时，应选用表壳后面有安全孔的压力表。出于测压位置和便于观察管理的考虑，应选择合适的表壳直径。

（5）仪表必须垂直安装：安装时应使用扳手旋紧，不应强扭表壳；运输时应避免碰撞。

（6）耐震压力表仪表使用宜在周围环境温度为 -25 ℃ ~ 55 ℃，一般压力表 -40℃ ~ 70℃。

（7）使用工作环境振动频率小于 25Hz，振幅不大于 1mm。

（8）耐震压力表使用中因环境温度过高，仪表指示值不回零位或出现示值超差，可将表壳上部密封橡胶塞剪开，使仪表内腔与大气相通即可（不是所有压力表密封橡胶塞都影响零位，仅限于耐震压力表）。

（9）在测量腐蚀性介质、可能结晶的介质、黏度较大的介质应加隔离装置。

（10）仪表应按要求进行检查，根据实际情况定期校准，如发现故障应及时修理。

四、常见压力仪表

1. 波登管压力表

波登管敏感元件是弯成圆形，截面积呈椭圆形的弹性C形管。测量介质的压力作用在波动管的内侧，这样波登管椭圆截面会趋于圆形截面。由于波登管微小变形，形成一定的环应力，此环应力会使波登管向外延伸。由于弹性波登管头部没有固定，所以会产生小小变形，其变形的大小取决于被测量介质的压力大小。波登管的变形通过机芯间接地由指针显示测量介质的压力。

2. 膜盒压力表

膜盒敏感元件由两块连接在一起的呈圆形波浪的膜片组成。测量介质的压力作用在膜盒腔内侧，由此所产生的变形可用来间接测量介质的压力，压力值的大小由指针显示。膜盒压力表一般用来测量气体的压力，并能测量微压、过压保护在一定程度上也是可以的。当几个膜盒敏感元件叠在一起后会产生较大的传递力来测量极微小的压力。

3. 防爆压力表

防爆压力表适合用在易燃易爆的场合。它和普通压力表不同，防爆压力表的要求更高，尤其是安全系数要求高。防爆压力表的种类很多，按防爆系数分为本安防爆压力表和隔爆压力表；按性能分为电接点防爆压力表、指针式防爆压力表、数字显示防爆压力表。广泛应用于石油、化工、冶金、电站等工业部门或机电设备配套中测量有爆炸危险的各种流体介质的压力。

4. 真空压力表

真空压力表用于测量对钢、铜及铜合金无腐蚀作用、无爆炸危险的不结晶、不凝固的液体、气体或蒸汽介质的负压。耐震真空压力表用于振动和压力有波动状况下，测量无腐蚀、无结晶的介质的负压。电接点压力真空表和电接点真空表用于对铜及铜合金无腐蚀作用、无爆炸危险的非结晶、不凝固的液体、气体等介质的（压力）和负压的测量，当压力达到预定值时，借助接点装置，能接通或断开控制电路，同时发出电信号。

常见的压力仪表如图 3-27 至图 3-34 所示。

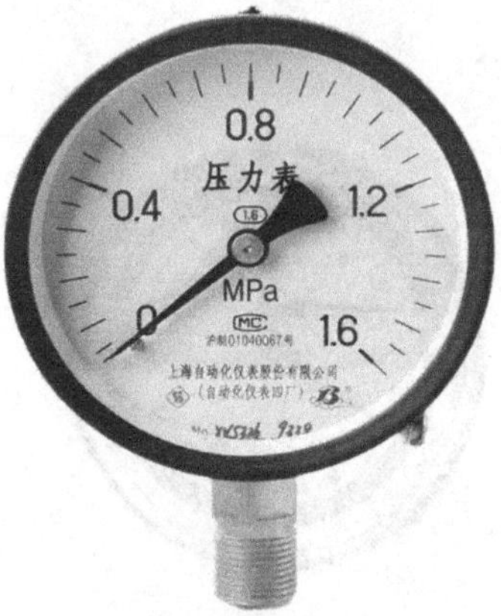

图3-27　一般压力表

图3-28　膜盒压力表

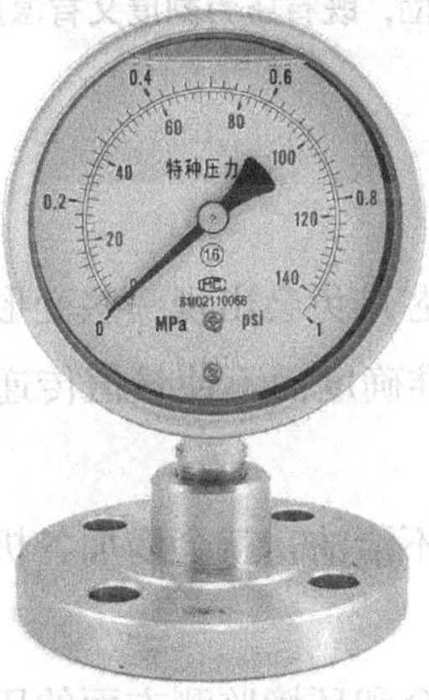

图3-29　隔膜压力表

（测量介质带有腐蚀性）

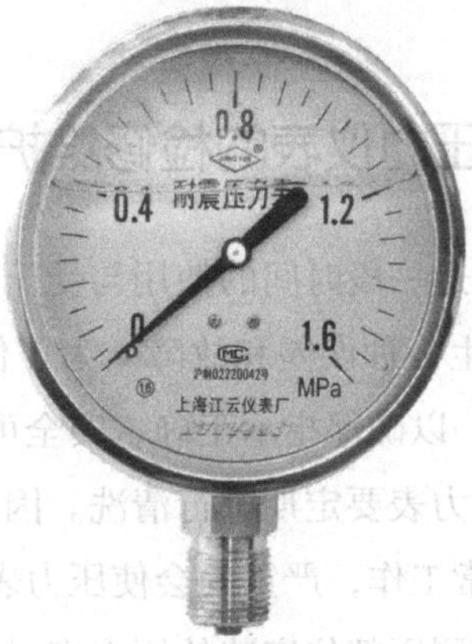

图3-30　耐震压力表

（有法定计量单位和非法定计量单位）

图3-31　精密压力表

图3-32　电接点压力表

图3-33 数字压力表

图3-34 精密压力表

（非法定计量单位，既有压力刻度又有温度刻度）

五、压力仪表的检修维护

（1）经过一段时间的使用与受压，压力仪表机芯难免会出现一些变形和磨损，压力表就会产生各种误差和故障。为了保证其原有的准确度而不使量值传递失真，应及时更换检测，以确保指示正确、安全可靠。

（2）压力表要定期进行清洗。因为压力表内部不清洁，就会增加各机件磨损，从而影响其正常工作，严重的会使压力表失灵、报废。

（3）在测压部位安装的压力表、关系到生产安全和环境监测方面的压力表，检定周期必须按照相应检定规程的要求，按时送检；如果工况条件恶劣，检定周期必须缩短。

（4）测压部位介质波动大、使用频繁、准确度要求较高，以及对安全因素要求较严的，可按具体情况将检定周期适当缩短。

六、外壳的防腐

压力仪表的外壳防腐应注意以下几点：

（1）使用环境有腐蚀性气体等，建议外壳采用不锈钢外壳或者外壳进行防腐喷涂，以便延长压力表使用寿命。

（2）使用环境湿度高，建议外壳提高防护等级，以防外部水气进入表内，延长压力表使用寿命。

七、测量准确度的影响因素

影响压力表测量准确度的因素有如下几点：

（1）冰冻、振动的影响：压力表安装在锅炉外部、受外界条件影响较大。如果外界温度过低、冰冻，或来自锅炉本体及压力表内部的各种振动，都会对压力表指针的灵敏度及准确度产生影响。可采取加装保温装置、安装缓冲装置等措施以减少上述影响。

（2）温度的影响：压力表测压是压力的作用使弹簧弯管变形。如果进入弹簧弯管的介质温度较高，温度的作用亦会使弯管变形。而且高温介质长期作用于弹簧弯管，还会使弯管产生永久变形。所有这些都会对测量产生不利影响。预防的办法是压力表与锅筒之间，装有不同形式的存水弯管，用以积存凝结水，阻止蒸汽直接进入弹簧弯管。

第六节　温度计量器具

温度概念的建立及温度的测量都是以热平衡现象为基础的。如果两个物体分别和第三个物体处于相同的热平衡状态，则将这两个物体互相接触时也必然处于同样的热平衡状态，这就称为热平衡定律。由热平衡定律可以得知，处于同一个热平衡状态的物体必定拥有某个共同的物理性质，而温度就是表征这种物理性质的一个量。所以，处于同一热平衡状态的物体具有相同的温度。这是温度最基本的性质。在比较每个物体温度的时候，不必让它们互相接触，只要将一个被选作“标准”的物体分别与每个物体接触就行了，这个被选作标准的物体就是测量物体温度的温度计。这就是使用温度计测量温度的原理。常见的温度计有玻璃液体温度计、热电偶、热电阻和红外温度测温仪等。

一、玻璃液体温度计

玻璃液体温度计具有性能稳定、操作简单、使用方便、价格低廉等优点，在量值传递、科学研究、石油化工以及医药卫生等领域得到广泛的应用。

1. 玻璃液体温度计的结构和原理

玻璃液体温度计主要由储存感温液体（或称测温质）的感温泡（也称储囊）、毛细管及标尺等组成，某些玻璃温度计还有中间泡和安全泡，如图 3-35 所示。

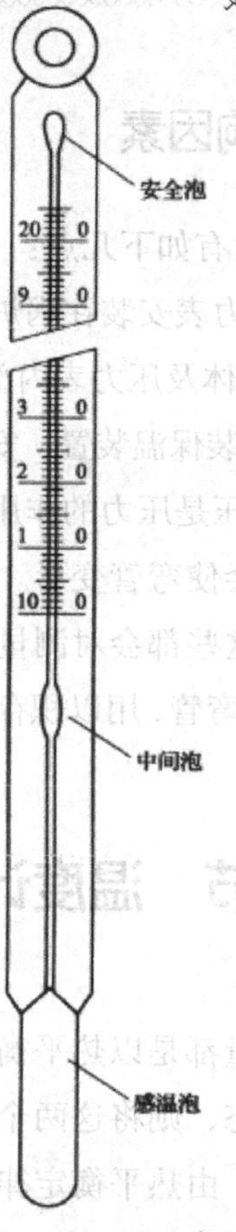

图3–35　玻璃液体温度计的主要结构

感温泡是一内径较大的，呈圆柱形或球形的玻璃管，它是由玻璃毛细管经热加工制成（称拉泡）或由一段薄壁玻璃管与毛细管熔接制成（称接泡）。安全泡是在距测温上限刻线以上一定距离的毛细管顶端烧制一个形状呈倒置梨形的扩大部分，其作用是为防止温度计的偶然过热而炸裂和提高测温上限，以储存超过上限温度时感温液体体积的膨胀量。为提高温度计的灵敏度和缩短温度计尺寸，便于使用，对测温下限高于室温的温度计，在感温泡与下限刻线间的毛细管适当部位，将其烧制成中间大两头尖的扩大部分，称为中间泡，以容纳由室温升至下限温度时膨胀的感温液体体积。通过烧制不同大小的中间泡，可使温度计的测温下限从任意温度起始，又可预防测温下限较高的温度计在室温下感温液冷缩至感温泡内形成气泡。有的温度计用内径较大的毛细管代替中间泡。

感温液封装充满感温泡和毛细管的一部分。在感温液柱上端面以上的毛细管空间，根据温度计测量上限的高低，充以不同压力的干燥惰性气体或抽制真空。温度数字及刻度线蚀刻（或印制）在毛细管玻璃表面上或刻印在紧靠毛细管玻璃后面呈乳白色的玻璃瓷板上。

玻璃液体温度计的工作原理是基于液体在透明玻璃外壳中的热胀冷缩作用而制造的。

当温度变化时，感温液、感温泡和毛细管的体积随之改变，致使液柱沿毛细管升高或降低。当温度计与测温介质达到热平衡时，通过读取感温液柱上端一面的中心位置便可得到被测介质的温度。

在玻璃液体温度计的设计过程中，要考虑提高温度计的灵敏度及准确度。玻璃液体温度计的灵敏度与感温泡的体积成正比，与毛细管的粗细成反比。但是，增大感温泡和减少毛细管直径都是有一定限度的，感温泡过大不仅会增加热惰性，还容易产生变形，影响读数准确度；而毛细管过细则因毛细管力的作用，将使液柱上升不均匀。

2. 玻璃液体温度计的类型和用途

玻璃液体温度计的应用非常广泛，所以种类也比较多。

（1）按玻璃液体温度计的结构可分为棒式、内标式和外标式三种类型，如图 3-36 和图 3-37 所示。

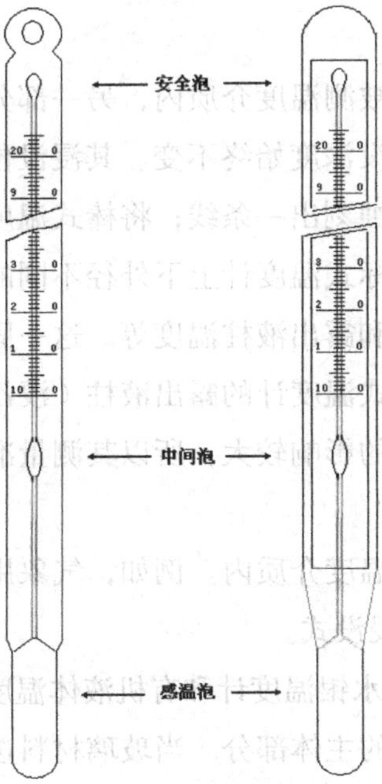

图3–36 棒式温度计

图3–37 外标式温度计

棒式温度计是将玻璃毛细管同感温泡熔焊在一起。棒式温度计的毛细管玻璃的外径较大，它的刻线和温度数字等标志蚀刻在玻璃棒表面上。为读数方便，在背面熔有一条白色或黄色的釉带。对 350℃以上的温度计用玻璃，由于熔入彩色釉带较困难，所以有的上限温度高于 350℃的温度计只能做成透明棒式。

内标式温度计毛细管玻璃的外径较小，故其标尺和标志蚀刻或印在乳白色的玻璃瓷板上，并与毛细管玻璃固定紧靠在一起，两者封装在内径稍大于标尺板宽度的玻璃套管内。这种型式的温度计读数清晰，由于标尺板是密封在玻璃套管内不与被测介质接触，故标尺的涂色不易脱落。但与棒式温度计相比有较大的热惰性，而且由于标尺板与毛细管的相对位置易改变，会给温度计的示值带来系统性误差。

外标式温度计的标尺是印在木制的、塑料的、金属的或其他材质制成的板上，毛细管与标尺也是紧靠且固定在一起的。这种型号的温度计精度较低，但价格便宜、读数清晰，主要用作寒暑表测量环境温度。

（2）按温度计使用时的浸没方式，可分为三种：全浸式、局浸式和完全浸没（又称潜浸式）式。

所谓全浸式，就是温度计感温液柱绝大部分浸没在被测温度的介质内，仅露出感温液柱上端面附近很短的液柱，以便在示值检定、实际使用时读取示值。在有关检定规程中规定，全浸式温度计的露出液柱长度应不超过 10 ~ 15mm。全浸式温度计的浸没深度随测量温度的高低而改变。一般在全浸式温度计的背面标志出“全浸”字样。这种浸没方式的温度计受环境温度的影响较小，故测量准确度较高，标准水银温度计都是全浸式。

局浸式，是指感温液柱的一部分浸没在被测温度介质内，另一部分则露出被测介质以外。这种温度计在测量不同温度时的浸没深度始终不变。其浸没位置的固定标志有如下几种形式：在温度计玻璃的外表面上蚀刻出一条线；将棒式温度计的毛细管玻璃烧制扩大成一个呈“竹节”状的圆环；内标式温度计上下外径不同的套管熔接处；对于高精密玻璃水银温度计要标出浸没深度和露出液柱温度等。这一固定标志称局浸式温度计的浸没线（或局浸线）。由于局浸式温度计的露出液柱（浸没位置到毛细管内感温液面间液柱）受周围环境温度等因素的影响较大，所以其测量准确度要低于全浸式温度计。

完全浸没式是指温度计完全浸没在被测温度介质内。例如，气象用温度计的检定和使用及外标式温度计的使用等均属于完全浸没式。

（3）按所使用感温液体的种类，可分为水银温度计和有机液体温度计。

感温液体是玻璃温度计感受和显示温度的主体部分。当玻璃材料选定后，温度计的使用范围、灵敏度、准确度和热惰性等均取决于感温液体的性能。

对感温液体的一般要求如下：在较宽的温度范围内应保持液态；不应润湿玻璃；体胀系数要大，但随温度变化的改变要小，体积随温度的变化关系要近似线性；低温中黏度要小，高温中饱和蒸气压要小；比热容要小，导热系数要大；在使用温度范围内化学性能稳定；易于提纯和着色，显示清楚、无沉淀现象；价格低廉。

可以作为感温液体的物质较多，但是能完全达到上述要求的感温液又是极少的。

目前常用的感温液体是水银和部分有机液体。

水银是比较理想的感温液体，其具有以下优点：

a. 水银的凝固点为 - 38.855℃，而沸点为 356.66℃。其适用的温度范围较宽，目前常用的温度范围为 - 30℃ ~ 300℃。由于水银的饱和蒸气压较小，因此，在水银液面上部的毛细管和安全泡空间内只需充入较小压力的气体，便能显著地提高水银的沸点，也就相应地提高了温度计的测温上限，可以达到 600℃，甚至更高，但实际应用的温度上限为 500℃或 600℃。水银温度计的测温下限为 - 30℃。为延伸其使用下限，从 20 世纪 30 年代开始先后有美国、日本以及苏联便着手研究，在水银中添加一定量的铊制成凝固点更低的合金。最终研制出最低测量温度为 - 56℃的汞铊温度计。在 20 世纪中期,我国沈阳市玻璃计器厂采用在水银中加入一定比例的高纯铊和钢,制成合金。其凝固点达到了 - 62℃,由此研制出了测量下限温度为 - 60℃精密和标准汞基温度计。

b. 水银表面张力大、内聚力也较大，不润湿玻璃，因而不挂附在玻璃毛细管壁上，故能制造出精确度优良的温度计。

c. 与有机液体相比，水银的膨胀系数较小，但随温度变化改变的也小，所以水银温度计的刻度是近似等间隔的。

d. 水银的比热容小，导热系数大，传热快，所以水银温度计的热惰性小。

e. 水银易于提纯。基于上述优点，水银温度计得到了广泛应用，不但用于精密测温，而且还用作温度量值传递过程中的标准器。但水银的最大缺点是污染环境，危及人们的身体健康。

常用的有机液体包括酒精、甲苯、煤油、石油醚、戊烷等，其中酒精用的较广泛。有机液体温度计一般用于低温测量。低于 - 60℃的温度计用感温液为有机液体，它的品种较多，不同品种的有机液体适用的温度范围不同，经添加凝固点下降剂后，最低使用下限温度可达 - 200℃，增加温度计内充惰性气体的压力，最高使用上限能达 200℃，但常见的温度范围为 - 100℃ ~ 100℃。

有机液体与水银相比有如下优点：

a. 凝固点低，以此制作的温度计的测温下限也低。

b. 视胀系数大，在感温泡大小相同的情况下，温度计主标尺上的 1℃距离长，因而玻璃毛细管的孔径大，温度计标尺刻线粗，感温液柱上端面明显，读数清晰。

c. 做成红、蓝、黄等颜色，使示值醒目，易于读取。

但有机液体与水银相比也有如下缺点：

a. 测量上限低，测温范围窄。有机液体的饱和蒸气压比水银的大几个数量级，因此，很难用充气提高内压的办法上延它的测温上限。故每一种有机液体覆盖的温度范围都较窄。

b. 内聚力小，润湿玻璃，挂壁十分严重。挂壁量的多少与温度计由较高温度降至较低温度的降温速率密切相关。当降温速率快时，挂壁量大，而且在温度计直立测温的状况下，挂壁的液滴会沿毛细管下流形成小的液柱，呈断柱的形式；反之，降温速率慢时挂壁量少。在示值检定和实际使用中，其降温速率很难达到一致，因此，会造成很大的示值误差。上述现象是有机液体的最大缺点，也是它不能用于精密测温的原因所在。

c. 视胀系数随温度变化大，致使温度计在不同温度范围内的标尺间距不相同。视胀系数大，露出液柱的温度修正量也大。

d. 有机液体的热容量大而导热系数小，所以有机液体温度计的热惰性大。

二、热电偶

1. 热电偶的工作原理

将两种不同的金属导体焊接在一起，构成闭合回路，如在焊接端（也称测量端）加热，将另一端（参考端）温度保持一定（一般为0℃），那么回路的热电动势就会成为测量端温度的单值函数。这种以测量热电动势的方法来测量温度的元件，即两种成对的金属导体，称为热电偶。

热电偶是温度测量中常用的测温元件，根据热电动势与温度的函数关系，制成热电偶分度表。分度表是自由端温度在0℃时的条件下得到的，不同的热电偶具有不同的分度表。热电偶的热电势将随着测量端温度的升高而增长，它的大小只与热电偶材料和两端的温度有关，而与热电极的长度、直径无关。各种热电偶如图3-38所示。

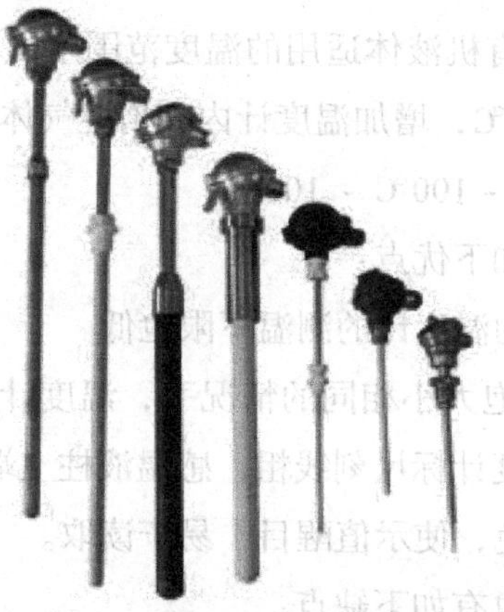

图3-38 各种热电偶

在热电偶的应用中，存在着均质导体定律、中间导体定律、参考电极定律、连接导体定律和中间温度定律等。

2. 热电偶的技术性能和类别

热电偶的测量范围宽广，一般可以从 - 200℃ ~ 1300℃，最大范围可以从 - 270℃ ~ 2800℃，装配简单，更换方便，抗震性能好，机械强度高，耐压性能好。

常用热电偶可分为标准系列热电偶和非标准系列热电偶两大类。所谓标准系列热电偶是指国家标准规定了其热电势与温度的关系、最大允许误差且有统一的标准分度表的热电偶。非标准化系列热电偶在使用范围、数量上均不及标准化热电偶，一般也没有统一的分度表，其主要用于某些特殊场合的测量。我国从 1988 年 1 月 1 日起，热电偶全部按 IEC 国际标准生产，并指定 S、B、E、K、R、J、T、N8 种标准化热电偶为我国统一设计型热电偶。标准系列热电偶见表 3-6。

表3–6　标准系列热电偶材料性能

热电偶分度号	热电极材料		使用温度范围/℃
	正极	负极	
S	铂铑合金（铑含量10%）	纯铂	0 ~ 1400
R	铂铑合金（铑含量13%）	纯铂	0 ~ 1400
B	铂铑合金（铑含量30%）	铂铑合金（铑含量6%）	0 ~ 1400
K	镍铬	镍硅	- 200 ~ 1000
T	纯铜	铜镍	- 200 ~ 300
J	铁	铜镍	200 ~ 600
N	镍铬硅	镍硅	- 200 ~ 1200
E	镍铬	铜镍	- 200 ~ 700

从理论上讲，任何两种不同导体（或半导体）都可以配制成热电偶，但是作为实用的测温元件，对它的要求是多方面的。为了保证工程技术中的可靠性，以及足够的测量精度，并不是所有材料都能组成热电偶，一般对热电偶电极材料的基本要求如下：

（1）在测温范围内，热电性质稳定，不随时间而变化，有足够的物理、化学稳定性，不易氧化或腐蚀；

（2）电阻温度系数小，导电率高，比热容小；

（3）测温中产生热电势要大，并且热电势与温度之间呈线性或接近线性的单值函数关系；

（4）材料复制性好，机械强度高，制造工艺简单，价格便宜。

非标准系列热电偶主要有钨铼系、铱铑系、镍钼系、钯铂系、镍铬—金铁、银金—金铁等热电偶。

钨铼系热电偶的测温范围为 300℃ ~ 2000℃，可延续到 2500℃，适宜在惰性气体、氢气或真空中使用，目前这种热电偶已较普遍地用于高温真空冶金和科学实验中，如硬质合金真空烧结过程中的温度测量等。

镍铬—金铁热电偶在低温区域有良好的特性，可用于0℃～-217℃的宽广低温区的测量。

快速微型热电偶是一种特殊的热电偶，这种热电偶的特点是热容量小、能快速反映被测物体的温度，一般被用于间断测量钢水等熔融金属的温度。当温度测出之后，热电偶也已烧毁，故又称为消耗型热电偶。但这种热电偶因其价格低廉、测量结果可靠、互换性好，目前被较广泛地使用。其他的特殊热电偶还有用于快速测温或测量热容量小的物体温度的铠装热电偶、用于测量固体表面温度的表面热电偶以及用于较高温区、价格低廉的非金属热电偶等。

3. 热电偶的选择和安装

由于热电偶存在热惰性，因而以测温仪表的显示值落后于被测温度的变化，在进行快速测量时这种影响尤为突出。所以应尽可能采用热电极较细、保护管直径较小的热电偶。测温环境许可时，甚至可将保护管取去。由于存在测量滞后，用热电偶检测出的温度波动的振幅较实际温度波动的振幅小。测量滞后越大，热电偶波动的振幅就越小，则与实际炉温度的差别也就越大。当用时间常数大的热电偶测温或控温时，仪表显示的温度虽然波动很小，但实际温度的波动可能很大。为了准确地测量温度，应当选择时间常数小的热电偶。时间常数与传热系数成反比，与热电偶热端的直径、材料的密度及比热容成正比。如要减小时间常数，通常采用导热性能好的材料，管壁薄、内径小的保护套管。在较精密的温度测量中，可使用无保护套管的裸丝热电偶。但裸丝热电偶容易损坏受到污染，应及时校准及更换。

对热电偶的安装，应注意有利于测温准确、安全可靠及维护方便，而且不影响设备运行和生产操作。在选择对热电偶的安装部位和插入深度时要注意以下几点：

（1）测量端一般插入到被测空间的中间位置，使热电偶的测量端与被测介质之间有充分的热交换，尽量避免在阀门、弯头及管道与被测空间的死角附近安装热电偶。热电偶不能安装在被测介质很少流动的区域内，当用热电偶测量管内气体温度时，必须保证使热电偶逆着流速方向安装，充分与气体接触。

带有金属保护套管的热电偶存在传热和散热损失，为了减少测量误差，热电偶应该有足够的插入深度。

（2）热电偶的安装应尽可能避开强磁场和强电场，所以不应把热电偶和动力电缆线装在同一根导管内。

（3）热电偶电极与保护管、接线板和被测介质之间应保证良好的绝缘性能。如绝缘不良，在高温下更为严重，这不仅会引起热电动势的损耗还会引入干扰，由此引起的误差会导致测量结果严重偏离真实温度。

4. 热电偶测温技术的最新发展——寻热式热电偶

寻热式热电偶又称连续热电偶或热偶式热敏电缆，是由美国发明并应用了近 30 年的一种新型热电偶。传统的热电偶在固定热端（点）与固定冷端（点）之间产生热电势。寻热式热电偶是利用热电偶的热电效应，能够连续自动产生其长度所及范围内（线）最高温度与固定冷端（点）之间的热电势，是一种无固定热接点的热电偶。寻热式热电偶是由热电极、隔离材料、保护管三部分构成。热电极是一对平行的彼此隔开一定距离的导线，电极的分度号、材质与标准化热电偶相似，因其材料不同，所以热敏电缆的热电势与温度的关系亦不相同。热电极之间紧密填充的隔离材料是用专门工艺制成的具有负温度系数的热敏电阻材料。低温时隔离材料电阻很大，是一种绝缘体。随着温度的升高，隔离材料电阻急剧降低，热敏电阻材料是制造寻热式热电偶的关键。寻热式热电偶最外层是铠装金属保护管。

寻热式热电偶与传统热电偶不同，它的热接点不固定，始终与线缆上的最高温度点相对应，当线缆上任何一点（T_1）的温度高于其他部分的温度时，该处的热电偶导线之间的绝缘电阻就降低，导致出现“临时”热电偶接头，其作用与传统单接点热电偶接头相同，当线缆上另外一点（T_2）的温度高于（T_1）点时，该处热电偶导线之间的绝缘电阻会变得低于 T_1 点的电阻，导致出现新的“临时”热电偶接头。寻热式热电偶的工作原理如图 3-39 所示。

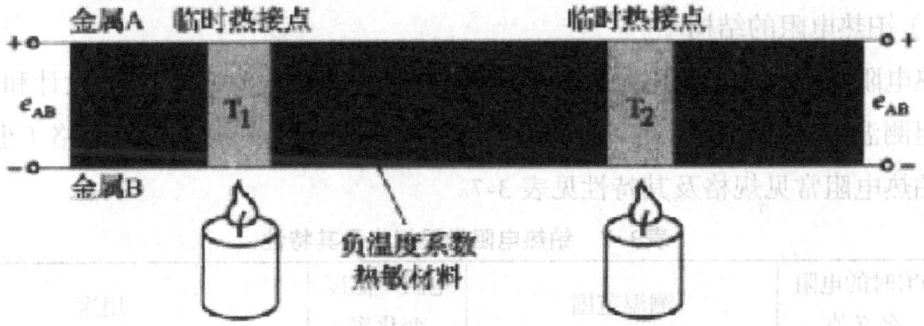

图3–39　寻热式热电偶的工作原理

寻热式热电偶长度一般都在十几米甚至几十米，覆盖面积大，可节约大量温度传感器和电测设备，其外形如图 3-40 所示。由于寻热式热电偶的独特功能，最初被发达国家作为高精技术产品铺设在航空母舰和驱逐舰的舰舱以及军用飞机等军事设备中，目前已被广泛应用于化工、机械、能源、通信、电力、食品、印刷、仓储等大面积、大范围、大空间场所，以及危险区域内发热、过热现象的监测、预警等。

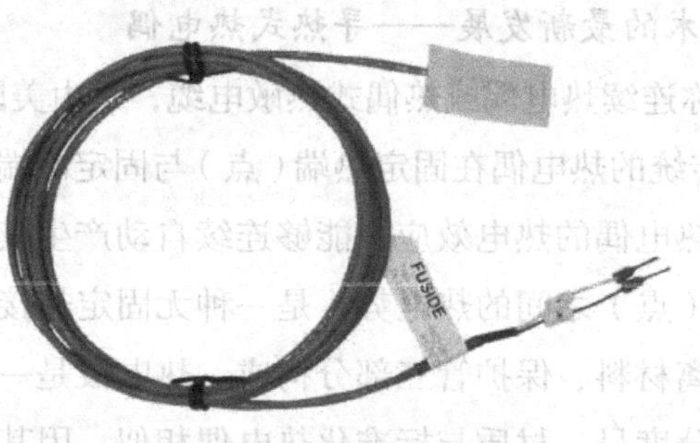

图3–40　寻热式热电偶外形

三、热电阻

热电阻主要是利用温度变化时传感器电阻发生变化的原理测量温度，热电阻在常温和较低温区范围内的灵敏度比热电偶更高。常见热电阻按其制作的材料来分，主要有铂热电阻、铜电阻和半导体热敏电阻等。

1. 铂热电阻

由于金属铂在氧化性介质或高温环境中具有较好的物理和化学稳定性。因此，利用铂制作的铂热电阻温度传感器有较高的精度，它不仅作为工业上的测温元件，也作为复现热力学温标的基准和标准。

（1）铂热电阻的结构

铂热电阻是利用铂丝的电阻值随着温度的变化而变化这一基本原理设计和制作的。铂热电阻测温范围最大可达到 - 200℃ ~ 850℃，根据用途划分为几种规格（也称分度号），铂热电阻常见规格及其特性见表 3-7。

表3–7　铂热电阻常见规格及其特性

规格	0℃时的电阻名义值	测温范围	电阻—温度变化率	用途
Pt10	——	主要用于660℃以上高温区的测量	很低	作为温度量传基、标准使用
Pt25	——	主要用于 - 200℃ ~ 660℃	较低	作为温度量传基、标准使用
Pt100	——	主要用于 - 200℃ ~ 660℃	较高	用于一般精度要求的测量和控制
Pt1000	——	主要用于 - 50℃ ~ 300℃	很高	可忽略电阻引线对测量结果的影响，对电测仪表的要求较低，广泛用于热量表等领域

作为温度感温元件骨架的材质也是决定铂热电阻使用温度范围的主要因素。常见的感温元件有陶瓷元件、玻璃元件和云母元件，它们是由铂丝分别绕在陶瓷骨架、玻璃骨架和云母骨架上，再经过复杂的工艺加工而成。陶瓷元件适用于850℃以下温区，

玻璃元件适用于550℃以下温区、云母元件一般常用于420℃以下温区。陶瓷铂热电阻如图3-41所示。

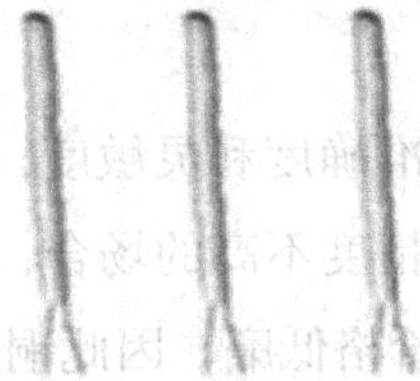

图3-41　陶瓷铂热电阻

近年来，市场上出现了大量的厚膜和薄膜铂热电阻感温元件，厚膜铂热电阻元件是用铂浆料印刷在玻璃或陶瓷底板上，而薄膜铂热电阻元件是用铂浆料溅射在玻璃或陶瓷底板上，再经光刻加工而成，厚膜和薄膜铂热电阻感温元件仅适用于（-70℃～500）℃温区，但这种感温元件用料省，可机械化大批量生产，效率高，价格便宜。薄膜铂热电阻如图3-42所示。

图3-42　薄膜铂热电阻

就结构而言，铂热电阻还可以分为工业铂热电阻和铠装铂热电阻。工业铂热电阻也叫装配铂热电阻，即将铂热电阻感温元件焊上引线组装在一端封闭的金属管或陶瓷管内，再安装上接线盒而成；铠装铂热电阻是将铂热电阻元件，过渡引线，绝缘粉组装在不锈钢管内再经模具拉实的整体。铠装铂热电阻具有体积小，内部无空气隙，热惯性小，测量滞后小；机械性能好、耐振，抗冲击；能弯曲，便于安装，使用寿命长等特点。

（2）铂热电阻的连接方式

目前铂热电阻引线的连接方式主要有三种。

a. 二线制：在热电阻的两端各连接一根导线来引出电阻信号的方式叫二线制，这种引线方法很简单，但在实际测量过程中，无法消除引线电阻的影响。因此这种引线方式只适用于测量精度较低的场合。

b. 三线制：在热电阻的根部的一端连接一根引线，根部的另一端连接两根引线的方式称为三线制，这种方式通常与电桥配套使用，可以部分消除引线电阻的影响，是工业过程控制中最常用的。

c. 四线制：在热电阻的根部两端各连接两根导线的方式称为四线制，其中两根引线为热电阻提供恒定电流，再通过另外两根引线测量热电阻的一端电压。这种方式可完全消除引线的电阻影响，主要用于高精度的温度测量。标准铂电阻温度计全都采用四线制。

2. 铜热电阻

铂热电阻温度传感器有较高的准确度和灵敏度，性能优越，但由于铂是贵金属，价格较贵。因此，在一些要求测量精度不高的场合，一般采用铜热电阻来取代铂热电阻以测量温度。由于铜较易提纯、价格低廉，因此铜热电阻目前也有较广泛地应用。

由于铜电阻的化学性质较铂活泼，温度稍高铜就容易氧化。因此，铜电阻一般在低温和没有腐蚀性介质的场合使用，工作温区一般为 - 50℃ ~ 150℃。

此外，由于铜的电阻率（ρ_{cu}=0.017mm²/m）比铂（ρ_{pt}=0.09810mm²/m）小，所以制成电阻时，要求铜丝细，因此导致机械强度降低；铜电阻体积一般也较铂热电阻大，因而也有较大的热惯性。

铜电阻的分度号主要有 Cu50 和 Cu100 两种。

四、红外测温仪

红外测温仪又名红外温度计。红外测温仪测温是以普朗克黑体辐射定律为理论根据，通过对被测目标特定红外辐射能量进行测量，从而确定被测目标红外温度。与传统的测温设备相比，红外测试仪具有便捷、精确和安全的优点。图 3-43 为手持式红外测温仪。

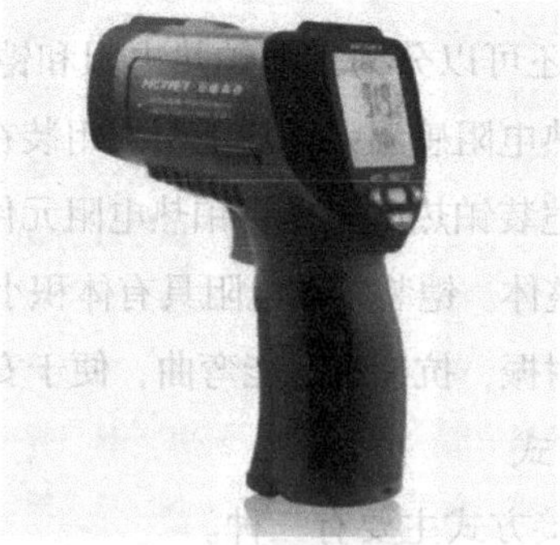

图3-43　手持式红外测温仪

1. 红外测温仪的工作原理

在自然界中，一切温度高于绝对零度的物体都在不停地向周围空间发出红外辐射能量。物体的红外辐射能量的大小及其按波长的分布与它的表面温度有着十分密切的关系。因此，通过对物体自身辐射的红外能量地测量，便能准确地测定它的表面温度，这就是红外辐射测温原理。

红外测温仪由光学系统、光电探测器、信号放大器及信号处理、显示输出等部分组成。光学系统汇聚其视场内的目标红外辐射能量，视场的大小由测温仪的光学零件及其位置确定。红外能量聚焦在光电探测器上并转变为相应的电信号。该信号经过放大器和信号处理电路，并按照仪器内部的算法和目标发射率校正后转变为被测目标的温度值。除此之外，还应考虑目标和测温仪所处环境条件，如温度、气氛、污染和干扰等因素对性能指标的影响及修正方法。

黑体是一种理想化的辐射体，它吸收所有波长的辐射能量，没有能量的反射和透过，其表面的发射率为 1。物体发射率对辐射测温的影响：自然界中存在的实际物体，几乎都不是黑体。所有实际物体的辐射量除依赖于辐射波长及物体的温度外，还与构成物体的材料种类、制备方法以及表面状态和环境条件等因素有关。因此，为使黑体辐射定律适用于所有实际物体，必须引入一个与材料性质及表面状态有关的比例系数，即发射率。该系数表示实际物体的热辐射与黑体辐射的接近程度，其值在零和小于 1 的数值之间。根据辐射定律，只要知道了材料的发射率，就知道了任何物体的红外辐射特性。影响发射率的主要因素有材料种类、表面粗糙度、理化结构和材料厚度等。

单色测温仪与波段内的辐射量成比例；双色测温仪与两个波段的辐射量之比成比例。

2. 红外测温仪的选择

红外测温仪的选择应考虑技术性能指标、环境条件要求、实用效果及经济成本（包括后期维护）等因素。主要有以下 7 个方面：

（1）确定测温范围

测温范围是测温仪最重要的一个性能指标。每种型号的测温仪都有自己特定的测温范围。因此，用户的被测温度范围一定要考虑准确、周全，既不要过窄，也不要过宽。根据黑体辐射定律，在光谱的短波段由温度引起的辐射能量的变化将超过由发射率误差所引起的辐射能量的变化，因此，测温时应尽量选用短波较好。一般来说，测温范围越窄，监控温度的输出信号分辨率越高，精度可靠性容易解决。测温范围过宽，会降低测温精度。

（2）确定目标尺寸

红外测温仪根据原理可分为单色测温仪和双色测温仪（辐射比色测温仪）。对于单色测温仪，在进行测温时，被测目标面积应充满测温仪视场。建议被测目标尺寸超过视场大小的 50% 为好。如果目标尺寸小于视场，背景辐射能量就会进入测温仪的视场，干扰测温读数，产生误差。相反，如果目标大于测温仪的视场，测温仪就不会受到测量区域外面的背景影响。

对于双色测温仪，其温度是由两个独立的波长带内辐射能量的比值来确定的。因此当被测目标很小，没有充满现场，测量通道上存在烟雾、尘埃、阻挡对辐射能量有衰减时，都不会对测量结果产生影响，甚至在能量衰减了 95% 的情况下，仍能保证要求的测温精度。对于目标细小，又处于运动或振动之中的目标；有时在视场内运动，或可能部分移出视场的目标，在此条件下，使用双色测温仪是最佳选择。如果测温仪和目标之间不可能直接瞄准，测量通道弯曲、狭小、受阻等情况下，双色光纤测温仪是最佳选择。这是由于其直径小，有柔性，可以在弯曲、阻挡和折叠的通道上传输光辐射能量，因此可以测量难以接近、条件恶劣或靠近电磁场的目标。

（3）确定光学分辨力

光学分辨力也称为距离系数，是测温仪到目标之间的距离 D 与测量光斑直径 S 之比。如距离系数为 80：1，表示测温仪距目标 80cm 远，那么测量范围的直径是 1cm（实际上应该理解为不小于 1cm。如果测温仪由于环境条件限制必须安装在远离目标之处，而又要测量小的目标，就应选择高光学分辨力的测温仪。光学分辨力越高，D：S 比值越大，测温仪的成本也越高。

（4）确定波长范围

目标材料的发射率和表面特性决定测温仪的光谱响应或波长。对于高反射率合金材料，有低的或变化的发射率。在高温区，测量金属材料的最佳波长是近红外，可选用 0.18 ～ 1.0μm 波长。其他温区可选用 1.6μm、2.2μm 和 3.9μm 波长。由于有些材料在一定波长是透明的，红外能量会穿透这些材料，对这种材料应选择特殊的波长。如测量玻璃内部温度选用 10μm、2.2μm 和 3.9μm（被测玻璃要很厚，否则会透过）波长；测量玻璃内部温度选用 5.0 波长；测低区区选用 8 ～ 14μm 波长为宜；再如测量聚乙烯塑料薄膜选用 3.43μm 波长，聚酯类选用 4.3μm 或 7.9μm 波长。厚度超过 0.4μm 选用 8 ～ 14μm 波长；又如测火焰中的 CO_2 用窄带 4.24 ～ 4.3μm 波长，测火焰中的 CO 用窄带 4.64μm 波长，测量火焰中的 NO_2 用 4.47μm 波长。

（5）确定响应时间

响应时间表示红外测温仪对被测温度变化的反应速度，定义为到达最后读数的 95% 能量所需要时间，它与光电探测器、信号处理电路及显示系统的时间常数有关。新型红外测温仪响应时间可达 1ms，这要比接触式测温方法快得多。如果目标的运动速度很快或测量快速加热的目标时，要选用快速响应红外测温仪，否则达不到足够的信号响应，反而会降低测量准确度。然而，并不是所有应用都要求快速响应的红外测温仪。对于静止的或目标热过程存在热惯性时，测温仪的响应时间就可以放宽要求了。因此，红外测温仪响应时间的选择要和被测目标的情况相适应。

（6）信号处理功能

要求红外测温仪具有多信号处理功能（如峰值保持、谷值保持、平均值）可供选用。

（7）环境条件考虑

外测温仪所处的环境条件对测量结果有很大影响，应予考虑并适当解决，否则会影响测温精度甚至引起损坏。当环境温度高，存在灰尘、烟雾和蒸汽的条件下，可选用厂商提供的保护套、水冷却、空气冷却系统、空气吹扫器等附件。这些附件可有效地解决环境影响并保护测温仪，实现准确测温。在确定附件时，应尽可能要求标准化服务，以降低安装成本。当在噪声、电磁场、震动或难以接近环境条件下，或其他恶劣条件下，烟雾、灰尘或其他颗粒降低测量能量信信号时，光纤双色测温仪是最佳选择。在噪声、电磁场、震动和难以接近的环境条件下，或其他恶劣条件时，宜选择光纤比色测温仪。

在密封的或危险的材料应用中（如容器或真空箱），测温仪通过窗口进行观测。材料必须有足够的强度并能通过所用测温仪的工作波长范围。还要确定操作工是否也需要通过窗口进行观察，因此要选择合适的安装位置和窗口材料，避免相互影响。在低温测量应用中，通常用 Ge 或 Si 材料作为窗口，不透可见光，人眼不能通过窗口观察目标。如操作员需要通过窗口目标，应采用既透红外辐射又透过可见光的光学材料，如应采用既透红外辐射又透过可见光的光学材料，如 ZnSe 或 BaF_2 等作为窗口材料。

当测温仪工作环境中存在易燃气体时，可选用本征安全型红外测温仪，从而在一定浓度的易燃气体环境中进行安全测量和监视。

在环境条件恶劣复杂的情况下，可以选择测温头和显示器分开的系统，以便安装和配置，也可选择与现行控制设备相匹配的信号输出形式。

3. 红外测温仪的应用

与接触式测温仪表相比，红外测温仪具有测量范围宽、响应时间快、非接触、对被测物无影响、使用安全及使用寿命长等优点，非常适用于测量运动中的物体及有毒、高压等危险场合的温度。

第七节　光效计量

一、光度计量基础

光度学与光相关的常用量有 4 个：发光强度、光通量、光照度、光亮度。

1. 基本名词术语

（1）发光强度

发光强度简称光强，以符号 I 表示。国际单位制单位是 eandela（坎德拉），简称

“坎”，符号 cd。国际单位制（SI）的 7 个基本单位之一。其定义为：光强是一光源在给定方向上的发光强度，该光源发出频率为 540×10^{12}Hz 的单色辐射，且在此方向上的辐射强度为 1/683W 每球面度。

发光强度单位最初是用蜡烛来定义的，单位为烛光。1948 年第九届国际计量大会上决定采用处于铂凝固点温度的黑体作为发光强度的基准，同时定名为坎德拉，曾一度称为新烛光。1967 年第十三届国际计量大会又对坎德拉做了更加严密的定义。由于用该定义复现的坎德拉误差较大，1979 年第十六届国际计量大会决定采用现行的新定义。

光源辐射是均匀时，则光强 $I=F/\Omega$，Ω 为立体角，单位为球面度（sr），F 为光通量，单位是流明，对于点光源则 $I=F/4\pi$。

（2）光通量（luminous flus）

光源在单位时间内发射出的光量称为光源的发光通量，简称光通量。光通量是由光源向各个方向射出的光功率，也即每一单位时间射出的光能量，用符号 Φ 表示，单位为流明（lumen，1m）。其定义为：发光强度为 1 坎德拉（cd）的点光源，在单位立体角（1 球面度）内发出的光通量为 1 流明。

总光通量：光源向整个空间发出的光通量的总和。

反射系数：人们观看物体时，总是要借助于反射光，所以要经常用到“反射系数”的概念。反射系数（reflectance factor）是某物体表面的光通量（流明）与入射到此表面的光通量（流明）之比，用符号 R 表示。

（3）光照度（Illuminance）

光照度（illuminance）是从光源照射到单位面积上的光通量，以符号 E 表示，照度的单位为勒克斯（Lux，1x）。光照度的定义为：被光均匀照射的物体，在 1 平方米面积上得到的光通量是 1 流明时，它的照度是 1 勒克斯。

有时为了充分利用光源，常在光源上附加一个反射装置，使某些方向能够得到比较多的光通量，以增加这一被照面上的照度，如汽车前灯、手电筒、摄影灯等。

（4）光亮度（luminance）

光亮度（luminance）是指一个表面的明亮程度，用符号 L 表示，单位是坎德拉/平方米（cd/m^2）。光亮度的定义为：光源表面的某一点面元在一给定方向上的发光强度与该面元在垂直于该方向的平面上的正射投影面积之比。

不同物体对光有不同的反射系数或吸收系数。对于一个漫散射面，尽管各个方向的光强和光通量不同，但各个方向的亮度都是相等的。

（5）光效

光源所发出的总光通量与该光源所消耗的电功率的比值，称为该光源的发光效率，简称光效。光效表示光源消耗 1W 的电能所能发出的光通量大小，光效单位为流明 / 瓦，即 lm/W。发光效率值越高，表明照明器将电能转化为光能的能力越强。

2. 各单位间关系

（1）光强 I_v（坎德拉，lcd=1lm/sr）

光源在指定方向的单位立体角内发出的光通量。

$$I_v = \frac{d\Phi_v}{d\Omega} \tag{3-2}$$

发光强度是针对点光源而言的，或者发光体的大小与照射距离相比比较小的场合。这个量是表明发光体在空间发射的会聚能力的。可以说，发光强度就是描述了光源到底有多“亮”，因为它是光功率与会聚能力的一个共同的描述。发光强度越大，光源看起来就越亮，同时在相同条件下被该光源照射后的物体也就越亮。

（2）亮度 L_v（$1cd \cdot m^{-2}=1lm^{-1} \cdot sr^{-1} \cdot m^{-2}$）

亮度表示发光面的明亮程度，其表达式为：

$$L_v = \frac{d\Phi_v}{dA \cdot \cos\theta \cdot d\Omega} \tag{3-3}$$

对于一个漫散射面，尽管各个方向的光强和光通量不同，但各个方向的亮度都是相等的。电视机的荧光屏就是近似于这样的漫散射面，所以从各个方向观看图像，都有相同的亮度感。

（3）光通量 Φ_v（流明）

光通量是对光源而言，是描述光源发光总量的大小的，与光功率等价。光源的光通量越大，则发出的光线越多。

对于各向同性的光（光源的光线向四面八方以相同的密度发射），则 $F=4\pi \cdot I$。也就是说，若光源的 I 为 1cd，则总光通量为 $4\pi I$=12.56lm。与力学的单位类比，光通量相当于压力，而发光强度相当于压强。要想被照射点看起来更亮，我们不仅要提高光通量，而且要增大会聚的手段，实际上就是减少面积，这样才能得到更大的强度。

光通量是人为量，对于其他动物可能就不一样的，不是完全的物理量，此量完全是根据人眼对光的响应而得到的。

（4）光照度 E_v（勒克斯，$1lx=1 \cdot m^2$）

光源照到某一物体表面上的光通量与该表面面积的比值。（表征受照面被照明的程度）

$$E_v = \frac{d\Phi_v}{d\sigma} \tag{3-4}$$

以下是各种环境参考照度值（单位为 lx）：

黑夜：0.001 ~ 0.02；月夜：0.02 ~ 0.3；阴天室内：5 ~ 50；阴天室外：50 ~ 500；晴天室内：20 ~ 2000；夏季中午太阳光下的照度：约为 10^6；阅读书刊时所需的照度：50 ~ 60；电视机荧光屏照度：约为 100；家用摄像机标准照度：1400；在 40W 白炽灯下 1m 远处的照度：约为 30；等等。

（5）光效（lm/W）

电光源的发光效率是说 1W 的电功率到底能转化成多少光通量。

由于光通量是人为量，是根据人眼对光的响应而来的。而各色光的频率不同，眼睛对各色光的敏感度也有所不同，即使各色光的辐射能通量相等，但在视觉上并不能产生相同的明亮程度，即人眼对不同颜色的光的感觉是不同的，此感觉决定了光通量与光功率的换算关系。对人眼最敏感的 555nm 的黄绿光，1W=683lm，也就是说，1W 的功率全部转换成波长为 555nm 的光，为 683 流明。这是最大的光转换效率，也是定标值，因为人眼对 555nm 的光最敏感。对于其他颜色的光，比如 650mm 的红色，1W 的光仅相当于 73lm，这是因为人眼对红光不敏感的原因。对于白色光，要看情况了，因为很多不同的光谱结构的光都是白色的。例如，LED 的白光、电视上的白光以及日光就差别很大，光谱不同。同样地，如果 1W 的电功率全部转换成 555nm 的光，那就是 683lm/W。但如果有一半转换成 555nm 的光，另一半变成热量损失了，那效率就是 341.5lm/W。

常见发光的大致效率（1lm/W）：白炽灯：15；白色 LED：20；日光灯：50；无极灯 LVD：60；节能灯：60 ~ 80；太阳灯：94；钠灯：120；等等。

二、相关检测原理及装置

1. 总光通量的测量

（1）总光通量的测量方法

总光通量的测量方法主要有两种，即绝对法和相对法。

a. 绝对法是指测量光源发光强度的空间分布，再由此计算出光源发出的总光通量。这种方法原则上可以在较高的准确度下适用于任何种类的光源。但是，这种测量方法所用的测量装置——分布光度计结构复杂、价格昂贵，而且测量和计算很复杂。因此，这种方法主要用于建立计量基准，或者不宜使用相对法测量的光源。

根据光通量的定义，如图 3-44 所示，光源向空间某一方向发出的光通量△为：

$$\Delta\Phi = I \cdot \Delta\Omega = E \cdot \Delta S \quad (3\text{-}5)$$

式中：$\Delta\Omega$——立体角元；

I——光源在该方向的发光强度；

ΔS——球面元；

E——该球面元上的照度。

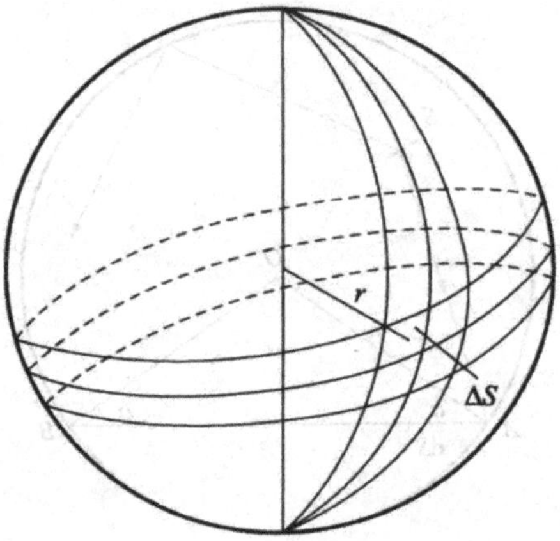

图3–44 总光通量测量原理图

光源在空间某点处的照度 E 与光源在该方向的发光强度有式（3-6）关系：

$$E=\frac{I}{r^2} \tag{3-6}$$

式中：r——光源到该点的距离。

因此，我们测量出光源在空间各点处的照度，就可得出光源在整个空间各个方向上的发光强度，即光源的光分布，并计算出光源的总光通量：

$$\Phi=\sum m_y\cdot\frac{4\pi r^2 I}{m_b l^2} \tag{3-7}$$

式中：l——发光强度标准灯到光电探测器的距离；

r——分布光度计回转半径即测量距离；

m_b——发光强度标准灯定标光电探测器时的读数；

m_y——光电探测器测量荧光灯时的读数；

I——发光强度标准灯的发光强度。

相对法是将被测光源与已知总光通量的标准光源进行比较，从而求得总光通量的一种方法。这种方法的测量和计算都相对简易，所以被广泛使用着。只是在准确度方面和绝对法相比，还是有一定的局限性。

b. 相对法测量总光通量的测量仪器是球形光度计，球形光度计包括两部分，即积分球和测光系统。积分球测量总光通量的原理基于理想积分球的条件：

①积分球的内表面为一个完整的几何球面；

②球内壁为中性均匀漫反射面，并且各处的反射比都相等；

③球内没有任何物体，球内的光源也被看作只发光，而没有实体的抽象光流。

如图 3-45 所示，设球的半径为 r、球壁的反射比为 ρ。球内总光通量为 Φ 的光源 S 发出的光投射在球壁上，建立了直接照度。

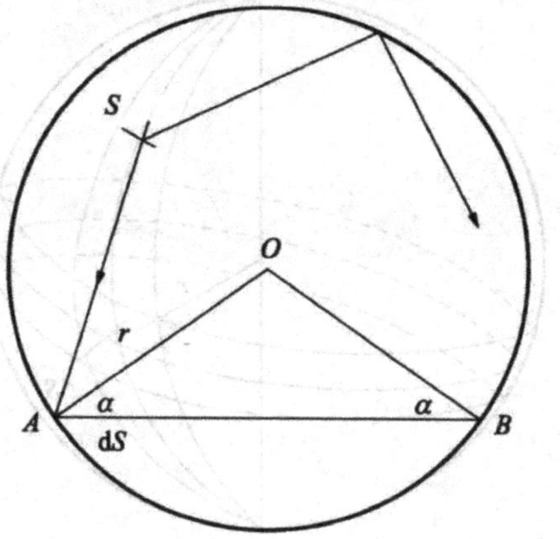

图3-45　理想积分球光路示意图

设在点处面元 dS 上的直接照度为 E，由于球壁是均匀漫反射面，所以，其亮度即为式（3-8）所示：

$$L = \rho \cdot \frac{E_0}{\pi} \tag{3-8}$$

面元 dS 对直接照度的反射光在球面上另一点处产生的照度为：

$$\mathrm{d}E_1 = \frac{LdS}{AB^2} \cdot \cos^2 \alpha \tag{3-9}$$

如图 2-24 可知，$AB = 2r\cos\alpha$ 可得：

$$\mathrm{d}E_1 = \frac{LdS}{4r^2} \tag{3-10}$$

由式（3-9）可以看出，dS 的反射光在球壁上任一点产生的照度均为 $LdS/4r^2$，与该点的位置无关。（3-8）式将代入式（3-9）可以得到：

$$\mathrm{d}E_1 = \rho \cdot \frac{E_0 dS}{4\pi r^2}$$

除 B 点外，球壁其余部分第一次反射光在 B 点建立的照度总和为：

$$E_1 = \int dE_1 = \int \frac{\rho E_0 dS}{4\pi r^2} = \frac{\rho}{4\pi r^2}\int E_0 dS = \frac{\rho \Phi}{4\pi r^2} \tag{3-11}$$

从式（3-11）我们可以看出，由第一次反射光在球壁上任一处建立的照度均相等，而且与直接照度在球壁上的分布无关，亦即与光源在球内的位置无关。

同理，可以求得第二次、第三次……反射光在球壁建立的照度为：

$$E_2=\frac{\rho^2\Phi}{4\pi r^2}\quad E_3=\frac{\rho^3\Phi}{4\pi r^2}\cdots$$

因此，球壁上任一点处的照度可以表示为：

$$E=E_0+E_1+E_2+E_3+\cdots=$$

$$E_0+\frac{\Phi}{4\pi r^2}\cdot\left(\rho+\rho^2+\rho^3+\ldots\right)=$$

$$E_0+\frac{\Phi}{4\pi r^2}\cdot\frac{\rho}{1-\rho} \tag{3-12}$$

式（3-12）中第二项，是各次反射光建立的照度之和，即反射照度 E_ρ：

$$E_\rho=\frac{\Phi}{4\pi r^2}\cdot\frac{\rho}{1-\rho} \tag{3-13}$$

式（3-13）即为理想积分球的基本方程式。其中积分球的等价透射率：

$$\tau=\frac{\rho}{1-\rho} \tag{3-14}$$

由式（3-14）可以变换得到：

$$F=4\pi r^2\frac{E_\rho}{\tau}=KE_\rho \tag{3-15}$$

式（3-15）表明，光源的总光通量与球壁的反射照度成正比。

也可以这样理解，如果有一束已知光通量为 Φ 的标准光源，经过测量可得到其反射照度为,同时我们又可以测得一束被测光源的反射照度那么,被测光源的总光通量为:

$$F_x=F_0\frac{E_x}{E_0} \tag{3-16}$$

（2）总光通量检测装置

a. 总光通量国家基标准装置

如图 3-46 所示，总光通量国家基准是由分布光度计、发光强度副基准灯及其他配套装置组成的。其工作过程如下。

①定标：总光通量的量值流明是 SI 基本单位坎德拉的导出单位，总光通量的国家基准装置是根据总光通量的定义建立的测量装置，所以，在测量总光通量之前，需要用发光强度的副基准灯对本基准装置的光电探测器进行定标。

②测量：在测量开始时，我们要把被测灯放置在分布光度计旋转环架的中心点，该中心点是经过定位保证被测灯的发光点处于光电探测器的同一直线上，测量中，通过数据采集与处理系统得到被测灯各个方向上的照度值，进而得到其发光强度值和被测灯的光分布（如图 3-47 所示）。

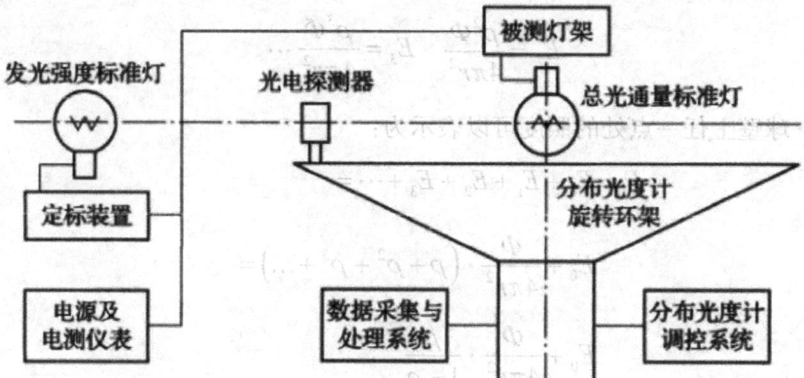

图3–46　总光通量基准装置示意图

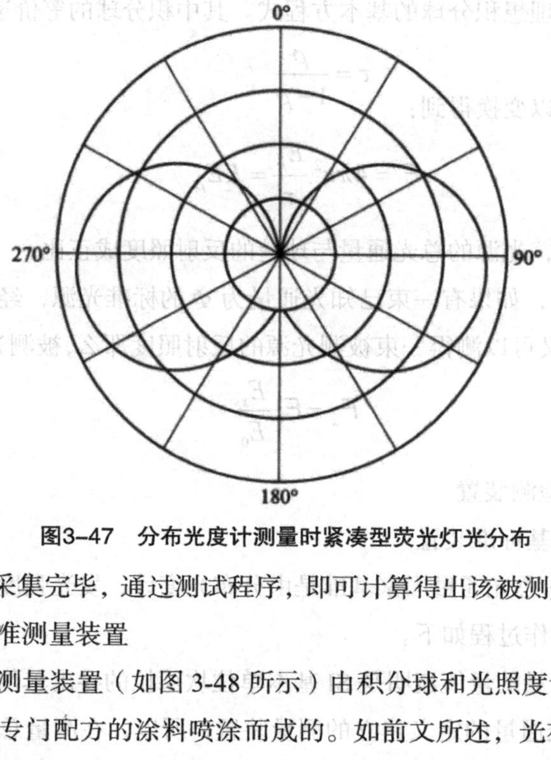

图3–47　分布光度计测量时紧凑型荧光灯光分布

③计算：数据采集完毕，通过测试程序，即可计算得出该被测灯的总光通量量值。

b. 总光通量标准测量装置

总光通量标准测量装置（如图 3-48 所示）由积分球和光照度计两部分组成，积分球内壁的涂层是用专门配方的涂料喷涂而成的。如前文所述，光在球内壁上产生的反射照度与光源总光通量成正比。在已知标准灯光通量值的条件下，可以通过相对测量得到被测灯的总光通量。

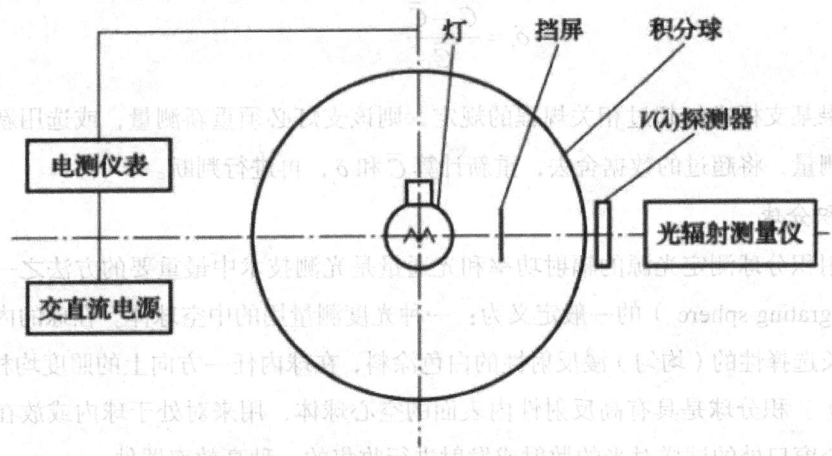

图3–48　总光通量标准测量装置示意图

具体测量过程如下：用总光通量标准灯，在球形光度计内分别测出每支灯的光电读数 m_i；计算出单支灯的光通量常数 $C_i=\frac{\Phi_i}{m_i}$，求出平均值：

$$\bar{C}=\frac{C_1+C_2+\cdots+C_n}{n} \tag{3-17}$$

计算单支标准灯光通量常数对平均值的相对偏差：

$$\delta_i=\frac{C_i-\bar{C}}{\bar{C}} \tag{3-18}$$

参考直管型荧光灯总光通量标准灯，若 $|\delta_i| \leqslant 2.0\%$，说明整个测量装置性能稳定。如果偏差大于 2.0%，则需要重新测量。

由于紧凑型荧光灯的发光特性，测量时，每支灯的读数不得少于 3 次，取平均值作为测量值，适当增加测量次数，剔除偏差大的读数，再将其余读数重新平均作为该次测量值。

设标准灯的测量值为 m_{0i}（i=1，2，…，n。n 为所用标准灯的支数），被测灯的测量值为 m_{xj}（j=1，2，…，q。q 为所用被测灯的支数），标准灯的总光通量为 C，被测灯的总光通量为 F_{xj}，计算单支灯的光通量常数：

$$C_i=\frac{F_{0i}}{m_{0i}(\,)\,i=1,2\ldots n} \tag{3-19}$$

求平均值：

$$\bar{C}=\frac{C_1+C_2+\cdots+C_n}{n} \tag{3-20}$$

计算单支标准灯光通量常数对平均值的相对偏差：

$$\delta_i = \frac{C_i - \overline{C}}{\overline{C}} \tag{3-21}$$

如果某支标准灯超过相关规程的规定，则该支灯必须重新测量，或选用新的标准灯参加测量，将超过的数据舍去，重新计算 $\overline{C}$ 和 δ_i，再进行判断。

2. 积分球

利用积分球测定光源的辐射功率和光通量是光测技术中最重要的方法之一。积分球（integrating sphere）的一般定义为：一种光度测量用的中空球体。在球的内表面涂有无波长选择性的（均匀）漫反射性的白色涂料，在球内任一方向上的照度均相等（见图 3-49）。积分球是具有高反射性内表面的空心球体，用来对处于球内或放在球外并靠近某个窗口处的试样对光的散射或发射进行收集的一种高效率器件。

图3–49 积分球示意图

（1）技术特性

a. 作为内部涂有漫射反应涂层的空心球，积分球的作用是将光辐射均匀地散射在球内并在探测器端口将其传导出去。

b. 积分球内表面具有超高反射和散射的特性，所以它具有独特的接收发射光的性能。光在均匀分布的球壁做无规则的反射，使能量可以进行准确的测量，正由于积分球有此特性，改变它的窗口位置及几何结构，就可以获得各种不同的应用。

c. 待测光源的大小是关键。光源越大，积分球就要相应地增大，这样才能减小测量误差。

d. 所有积分球都有一个侧面取样口，用来测定 2m 位形下的光通量（光源在积分球半个空间内的光辐射）。大一些的积分球，还可以将待测物固定在球体中心，测量光源 4m 位形下的光通量（光源在积分球内所有方向的光辐射）。

e. 积分球上有多个探测器口，可同时满足不同光源的光通量、球内温度、光源的色温等色度参数测试。

（2）测量原理

积分球是一个空心圆球体，球的内表面具有良好的均匀扩散反射性能，内壁各处照度大小相等。设：在球壳内部的中心放置光源，光源发出的总光通量为 Φ，球内壁的反射系数为 ρ，且 $\rho<1$。对球壁上任一点来说，当球心处光源发出的光通量向四周空间均匀发射时，球壁上任何一处都将获得直射光形成的照度和漫反射光形成的照度（图 3-50 所示）。

直射光形成的直接照度为 E_d:

$$E_d=\frac{F}{S}=\frac{F}{4\pi R^2} \tag{3-22}$$

式中：Φ——光源发出的光通量（1m）；

S——积分球的内表面积，当球半径为 R 时，球内表面积 $S=4\pi R^2$（m^2）；

E_d——由光源直接照射在球内壁上产生的照度（1x）。

光通量 Φ 投射到球体内壁上以后，由于壁面材料的反射系数很大，虽有少量光流被壁面吸收，但绝大部分光流将被壁面反射，反射光通量为 $\rho\Phi$，这部分反射光照到球壁上形成的照度叫作一次反射光照度 E_{R1}，且：

$$E_{R_1}=\frac{\rho F}{4\pi R^2} \tag{3-23}$$

同理，还会产生 2 次、3 次和多次反射光，每增加一次反射，被反射的光通量将是前一次的光通量与壁面材料反射系数 ρ 的乘积，经过次反射后，作用在球壁上的总光通量，应是直射光通量，应是直射光通量 Φ 与各次反射光通量叠加后的光通量总和 F_0:

$$F_0=F+\rho F+\rho^2F+\cdots+\rho^nF=F+F\ (\rho+\rho^2+\cdots\rho^n) \tag{3-24}$$

式（3-23）中右边括号里的式子是一个无穷等比级数数列，当 <1 时，数列是收敛的，根据等比级数之和的极限的原理，可知

$$\rho+\rho^2+\cdots\rho^n\ =\frac{\rho}{1-\rho}\lim_{n\to\infty} \tag{3-25}$$

将上等比级数和的极限式（3-25）代入（3-24），得到：

$$F_0=F_d+F\left(\frac{\rho}{1-\rho}\right) \tag{3-26}$$

式（3-26）中，Φ_0 为作用在积分球内壁上的总光通量，右边第一项为直射光通量

Φ_d，第二项为经多次反射的反射光通量 $\Phi_R=\Phi\left(\frac{\rho}{1-\rho}\right)$。

反射光通量在积分球内壁上产生的照度为反射光照度 E_R：

$$E_R=\frac{F_R}{S}=\frac{F\left(\frac{\rho}{1-\rho}\right)}{4\pi R^2}=\frac{\rho}{4\pi R^2(1-\rho)}F \tag{3-27}$$

式中：E_R——光照度（1x）

Φ_R——经多次反射的反射光通量（1m）；

Φ——光源的光照通量（1m）；

ρ——积分球内壁表面反射系数；

R——积分球内腔半径（m）。

从上述（3-27）可知，反射光在球壁上产生的附加照度 E_R 与光源的光通量 Φ 和积分球仪器常数成正比（$C=\frac{E_R}{\Phi}$），而与光源的位置和光强的分布无关。

为了测量反射光附加照度值，需要在积分球壁上开设一个测量照度的小窗口，同时在测量窗口和光源之间设置一个挡光板，用来遮挡光源射向测量窗口的直射光。这时在测量窗口测得的即为反射光附加照度值 E_R（如图 3-50 所示）。

若有样本时，测光窗处的反射光附加照度值为 E'_R，则待测样本的量与 $E_R-E'_R$ 成正比，减少量正是由于被样本吸收了。

图 3-51 为积分球实际结构示意图。

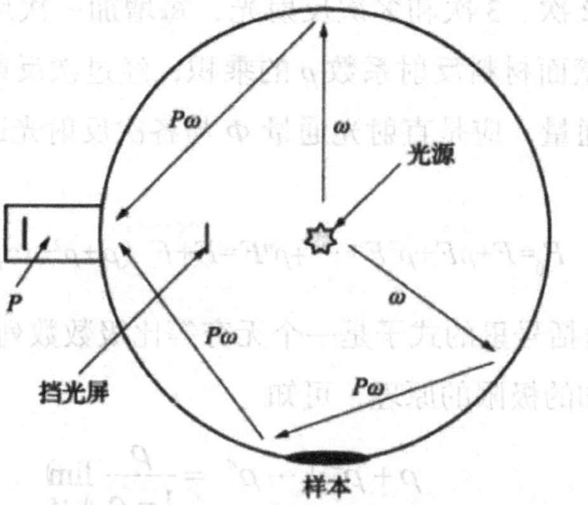

图3–50　样本测量

（3）积分球使用的要求

a. 球体应采用不易变形以及不易受环境影响的材料制成；

b. 球内表面应光滑，力求各处曲率半径相同；

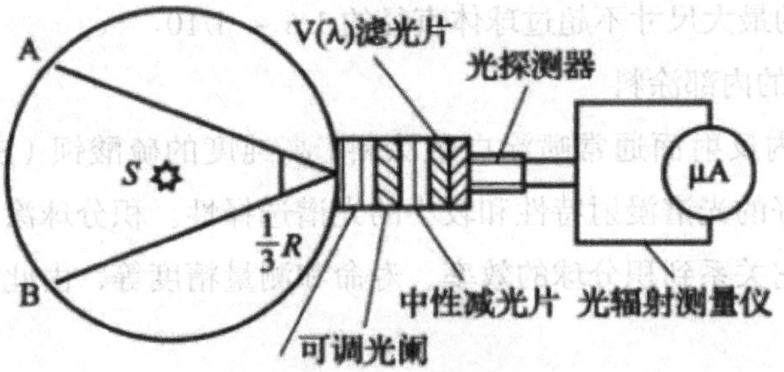

图3-51　积分球实际结构示意图

c. 球的密闭性要好；

d. 为减小测量误差，灯应安装在球心；

e. 应尽量减少球内部件的件数和部件的体积。

（4）灯与球体关系

a. 挡屏的中心在球心与窗口的中心连线上，一般在离球心 $R/3$ 处；挡板是为避免样品上的规则反射光直接照在样品上。

b. 设光源的最大尺寸为 $2d$，窗口的直径为 $2a$，挡屏的半径 d 如图（3-52）所示：

则有：

$$\frac{b-a}{c}=\frac{\frac{2}{3}R}{R}\quad\frac{2}{3}(b-a)\Rightarrow$$

$$d=a+\frac{2}{3}(b-a)$$

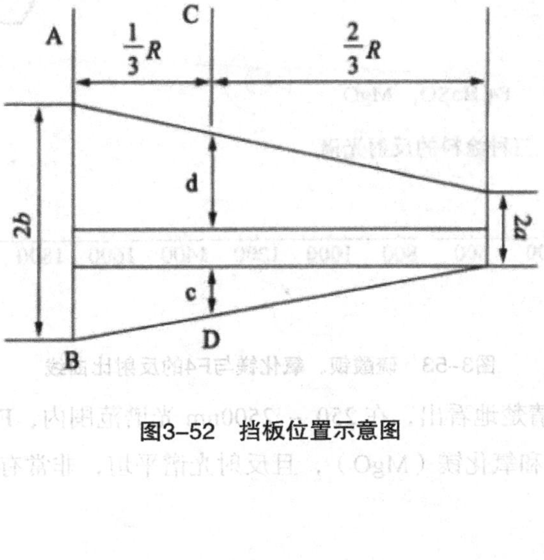

图3-52　挡板位置示意图

分析：

$b\uparrow \rightarrow d\uparrow \rightarrow S_{AB}\uparrow$、$S_{CD}\uparrow \rightarrow$测量误差↑

因此要求灯的最大尺寸不超过球体直径的 1/6 ~ 1/10。

（5）积分球的内部涂料

光学积分球内反射面通常喷涂白色涂料［高纯度的硫酸钡（$BaSO_4$）或氧化镁］使积分球具有良好的光谱漫射特性和较小的光谱选择性。积分球涂料是决定积分球质量的重要因素，它关系到积分球的效率、寿命和测量精度等，由此积分球壁的照度表达式为：

$$E_R=\frac{F_R}{S}=\frac{F\left(\dfrac{\rho}{1-\rho}\right)}{4\pi R^2}=\frac{F}{4\pi R^2}\cdot\frac{\rho}{1-\rho} \tag{3-28}$$

可以看出，球壁涂层的反射率 ρ 的变化将显著影响积分球的照度，可以很容易地计算出反射率 ρ 从 95% 上升到 98% 时，积分球的效率将提高 2 ~ 3 倍，这将有利于低透射、弱反射光信号的测量，这不仅可以大大提高测量的灵敏度，而且大大改善了测量的信噪比。

由于硫酸钡作为光学积分球涂层在光谱反射特性和稳定性方面都存在一些缺陷，所以近年来国内外开始采用一种叫作 halon 、国内叫作聚四氟乙烯悬浮树脂（简称 F4）的材料，作为积分球涂层，它在 0.25 ~ 2.5μm 波长范围内的反射比高达 0.98 以上，且光谱稳定性非常好，图 3-53 是 F4、$BaSO_4$、MgO 三种涂料的反射比曲线。

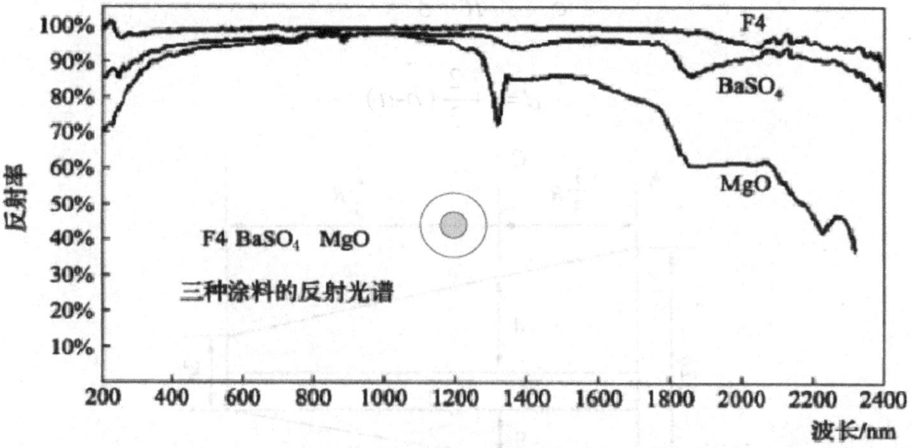

图3–53 硫酸钡、氧化镁与F4的反射比曲线

从图 3-54 可以清楚地看出，在 250 ~ 2500nm 光谱范围内，F4 涂料反射率不仅高于硫酸钡（$BaSO_4$）和氧化镁（MgO），且反射光谱平坦，非常有利于测量。

（6）影响积分球测量精度的因素及其修正方法

积分球测光源光通量时的假定：

a. 球内壁是均匀的理想漫射层，服从朗伯定律；

b. 球内壁各点的反射率相等；

c. 球内壁白色涂层的漫射是中性的；

d. 球半径处处相等，球内除灯外无其他物体存在；

e. 窗口材料是中性的，其符合照度的余弦定律。

实际情况与理想条件不符合会带来测量误差，故需修正。

（7）自吸收产生的误差和修正

a. 待测灯与标灯在光通球里对光通量的吸收不同而产生误差；

b. 修正方法：分别装载标准灯与待测灯，测出其修正系数 α1；

α_1= 标准灯在球心（不点燃）/ 装待测灯在球心（不点燃）。

α_1= 自吸收系数。

其他误差：积分球测试系统在测量时还会因为光谱功率分布不同与色温差而产生误差，其具体误差分析参阅第一小节中相关参数的介绍，在此不再赘述。

3. 照度的测量

光照度一般可用照度计直接测量。

（1）照度计工作原理

照度计（或称勒克斯计）是一种测量人造光和自然光照强度的光学测试仪器。它解决了连续测量光照强度及自动记录的问题。它一般由光探测器和瞬时数字显示装置组成。其中光探测器由滤光片与硒或硅光电池组成，使可见光谱响应曲线符合国际照明委员会（CIE）规定的人眼视觉光谱曲线。

（2）照度计的结构

照度计由光度头（又称受光探头，包括接收器、V_λ 滤光器、余弦修正器）和读数显示器两部分组成。见图 3-54。

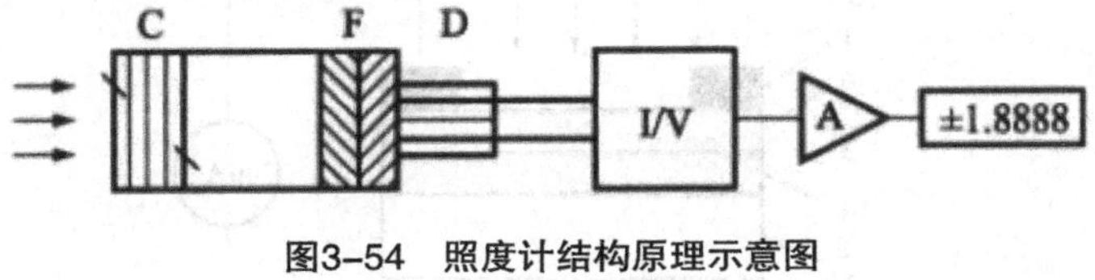

图3–54　照度计结构原理示意图

图 3-54 中 C 为余弦修正器；F 为 V_λ 滤光器；D 为光探测器；后面为 I/V 转换、处理及数字显示部分。

$V(\lambda)$ 匹配滤光片：

光度测量系统的光谱响应度应该符合视觉函数 $V(\lambda)$，而光辐射探测器与之相差很远。因此需要通过给光辐射探测器加适当滤光片的方式加以匹配。设光辐射探测器的相对光谱响应度为 $S_0(\lambda)$，则相对的，选用滤光片的光谱透过率 $T(\lambda)$ 应满足：

$$S(\lambda)=RT(\lambda)S_0(\lambda)\approx V(\lambda) \tag{3-29}$$

式中：R——调整系数；

$S(\lambda)$——匹配后的相对光谱响应度。

余弦修正器：

在光度测量中，被测光不可能都来自垂直方向。余弦修正器的作用就是使光度头（包括接收器、V_λ 滤光器、余弦修正器）对光辐测量的结果尽量满足余弦关系。

余弦修正器种类很多，有透射式、漫透式等。目前比较常用的是用一种较理想的漫透材料覆盖在光探测器表面。这样光探测器接收到的始终是漫射光。但是完全理想的漫透材料是没有的，要使余弦器修正其达到足够精度，还要进行局部补偿。

光电探测器：

照度计的光电探测器一般由线性度较好的硒或硅光电池组成，作用是将光辐射能转变为电流或电压信号进行测量（如图 3-55 所示）。它的主要特点是探测灵敏度高、时间响应快，可以对光辐射功率的瞬时变化进行测量，同时具有明显的光波长选择特性。

光电探测器又分内光电效应器件和外光电效应器件。内光电效应是通过光与探测器靶面固体材料的相互作用，引起材料内电子运动状态的变化，进而引起材料电学性质的变化。例如，半导体材料吸收光辐射产生光生载流子，引起半导体的电导率发生变化，这种现象称为光电导效应，所对应的器件称为光导器件；又如半导体 PN 结在光辐照射下，产生光生电动势，称为光生伏特效应，利用这种效应制成的器件称为光伏效应器件。

外光电效应器件是依据爱因斯坦的光电效应定律，探测器材料吸收辐射光能使材料内的束缚电子克服逸出功成为自由电子发射出来。

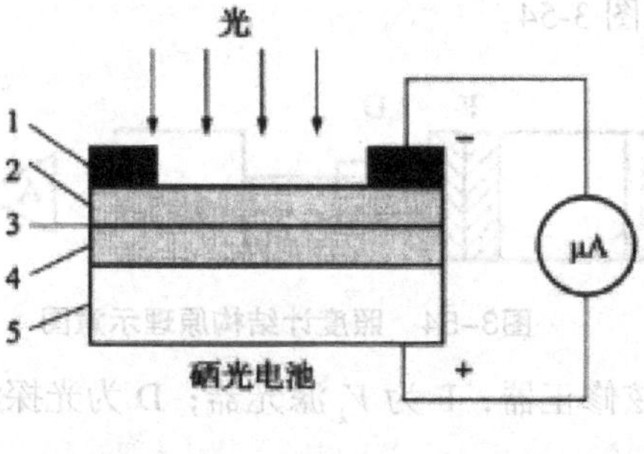

1—集电环；2—金属薄膜；3—分界面；4—硒层；5—金属底板

图3–55　硒光电池照度计原理图

$$E_K=h\nu-E_p \tag{3-30}$$

式（3-30）中 $h\nu$ 是入射光子的能量，E_p 是探测器材料的功函数，即光电子的逸出功 E_K 是光电子离开探测器表面的动能。这种探测器有一个截止频率和截止波长 ν_C 及 λ_C：

$$\upsilon_c=\frac{E_p}{h},\quad \lambda_c=\frac{hc}{E_P}=\frac{1240}{E_P(\mathrm{eV})}(\mathrm{nm}) \tag{3-31}$$

频率低于 ν_C 或波长长于 λ_C 的光波不能被探测到，因为这样的光子能量不足以使电子克服材料的逸出功。由于电子的发射必须在真空中进行，所以外光电效应器件都属于电真空器件。

第四章　重点用能单位能源计量管理

《重点用能单位能源计量审查规范》（JJF1356—2012）由原国家质检总局计量司组织起草，该规范与《能源计量检督管理办法》相配套，其规范了能源计量审查的内容和流程。无论是重点用能单位能源计量审查还是在重点用能单位能源计量管理工作，通过全国范围内的使用，都证明其具有可操作性强、适用范围广等特点。本章将重点结合《重点用能单位能源计量审查规范》要求，对重点用能单位能源计量管理工作进行论述。

第一节　能源计量术语和定义

一、能源计量审查

政府计量行政部门对重点用能单位能源计量器具配备和使用、能源计量人员配备和培训、能源计量数据管理等能源计量工作情况的审核与检查。

【要点详解】

主要定义了能源计量审查的主体、审查的对象、审查的内容。

能源计量审查的主体是政府计量行政部门；能源计量审查的对象是重点用能单位，是通过技术审查来确定用能单位能源计量工作的符合性、适宜性和有效性；能源计量审查是能源计量监督管理的重要手段。

具有确定边界的耗能单位。

注：在本规范中，用能单位是指一个取得组织机构代码，能独立承担法律责任的耗能单位。

二、用能单位

【要点详解】

“用能单位”采用的定义引自《综合能耗计算通则》（GB/T 2589）。

《综合能耗计算通则》（GB/T 2589）中对“用能单位”的定义为：具有确定边界的耗能单位。其耗能单位的边界是指具有明确热力学边界的，可以进行统计计算的能量体系。它是从计算综合能耗的角度定义的，理论上只要有确定的边界，就可以计算综合能耗，是否独立核算并不影响综合能耗的计算。它涵盖《用能单位能源计量器具配备和管理通则》（GB 17167）中的“用能单位”和“次级用能单位”。

在《重点用能单位能源计量审查规范》中的“用能单位”是指一个取得组织机构代码，能独立承担法律责任的耗能单位，即用能单位应是一个具有一级法人资质的独立核算的用能单位。

《重点用能单位能源计量审查规范》中对“用能单位”采用该定义，在概念上与《节约能源法》所指的用能单位是一致的。在《用能单位能源计量器具配备和管理通则》（GB 17167）中，虽然没有给出用能单位的定义，但是在适用范围中对用能单位进行了说明，即“企业、事业单位、行政机关、社会团体等独立核算的用能单位”，并给出了“次级用能单位”的定义，即“用能单位下属的能源核算单位”。

关于标准的适用范围指出作为法人用能单位，显然属于本标准的规范范围。法人用能单位包括企业法人用能单位、机关法人用能单位、事业法人用能单位和社会团体法人用能单位。但非法人单位，只要是独立核算的，或与供给单位有贸易关系的用能单位，也在本标准的规范范围之内。

在《重点用能单位能源计量审查规范》中，政府审查的对象应是法人用能单位，因此，非法人单位不应列入《重点用能单位能源计量审查规范》的审查范围之内。这也与《用能单位能源计量器具配备和管理通则》（GB 17167）中所指的用能单位是一致的，指具有一级法人资质的单位，而二级法人的单位称为次级用能单位。

三、重点用能单位

年综合能源消费总量一万吨标准煤以上的用能单位，以及国务院有关部门或省、自治区、直辖市人民政府节能工作管理部门指定的年综合能源消费总量五千吨以上不满一万吨标准煤的用能单位。

【要点详解】

“重点用能单位”采用的定义来自《节约能源法》第五十二条的规定。

依据《节约能源法》第五十二条的规定，重点用能单位为：

1. 年综合能源消费总量一万吨标准煤以上的用能单位；

2. 国务院有关部门或者省、自治区、直辖市人民政府管理节能工作的部门指定的年综合能源消费总量五千吨以上不满一万吨标准煤的用能单位。

四、次级用能单位

用能单位下属的能源核算单位。

【要点详解】

“次级用能单位”采用的定义引自《用能单位能源计量器具配备和管理通则》(GB 17167)。

次级用能单位是指用能单位下属的部门、子部门等单位。主要次级用能单位是指用能量超过国家标准或行业标准规定限额的次级用能单位。

五、一次能源

从自然界取得的未经任何加工、改变或转换的能源，如原煤、原油、天然气、生物质能、水、地热能、潮汐能等。

【要点详解】

在《重点用能单位能源计量审查规范》中，对“一次能源”采用的定义来自《GB 17167—2006 <用能单位能源计量器具配备和管理通则>实施指南》。

一次能源是在自然界中自然存在的，并没有经过加工、改变或转换的能源，也称天然能源，如原煤、原油、天然气、生物质能、水、地热能、潮汐能等。某些能源所含的能量间接来自太阳能，由太阳能自然转换而成，并不通过人工形成，也属于一次能源。

六、二次能源

由一次能源经过加工或转换得到的其他种类或形式的能源，如煤气、焦炭、汽油、煤油、柴油、重油、电能等。

【要点详解】

在《重点用能单位能源计量审查规范》中，对“二次能源”采用的定义来自《GB 17167—2006 <用能单位能源计量器具配备和管理通则>实施指南》。

二次能源也称“次级能源”或“人工能源”，是由一次能源经过加工或转换得到的其他种类和形式的能源，包括煤气、焦炭、汽油、煤油、柴油、重油、电力、蒸汽、热水、氢能等。一次能源无论经过几次转换所得到的另一种能源，都被称作二次能源。在生产过程中的余压、余热，如锅炉烟道排放的高温烟气，反应装置排放的可燃废气、废蒸汽、废热水，密闭反应器向外排放的有压流体等，也属于二次能源。

七、载能工质

在生产过程中所消耗的不作为原料使用，也不进入产品，在生产或制取时需要直接消耗能源的工作物质，如蒸汽、热水等。

【要点详解】

在《重点用能单位能源计量审查规范》中，对“载能工质”采用的定义引自《综合能耗计算通则》（GB/T 2589—2008）中“耗能工质”的定义。载能工质也称为耗能工质。

载能工质本身不是能源，但取得它必须消耗能源，是生产和取得过程需要直接消耗较多能源的工质。载能工质主要包括水（新水、软水、除氧水）、气（压缩空气、氧气、氮气、二氧化碳气、氢气、氯气、氩气等）、乙炔、电石等。哪些载能工质需要纳入能耗计算范围，需要根据生产和工艺特点而定。不同行业要根据实际情况有不同的处理方式。

八、能源计量器具

测量对象为一次能源、二次能源和载能工质的计量器具。

【要点详解】

在《重点用能单位能源计量审查规范》中，对能源计量器具采用的定义引自《用能单位能源计量器具配备和管理通则》（GB17167—2006）。

能源计量器具是以能源的量值为测量对象的计量器具。能源的量值具有多样性，如能源的实物量值、能量的当量值、能源的等价量值等。用于测量能源量值的所有计量器具都属于能源计量器具。能源的量值存在形式的多样性和能量转化过程的复杂性决定了能源计量器具的复杂性：有用于测量能源实物量的衡器、电能表、流量计等；有用于测量能源热力当量值的温度仪表、压力仪表、传感器等；有用于测量煤燃料单位质量发热量的化验仪器等。

九、能源计量器具配备率

能源计量器具实际的安装配备数量占理论需要量的百分数。

注：能源计量器具理论需要量是指为测量全部能源量值所需配备的计量器具数量。

【要点详解】

在《重点用能单位能源计量审查规范》中，对“能源计量器具配备率”采用的定义引自《用能单位能源计量器具配备和管理通则》（GB 17167）。

能源计量器具实际的安装配备数量占理论需要量的百分数被称为能源计量器具配备率。以前也被定义为：实际的装备计量器具数量占应当安装计量器具数量的百分比。

《用能单位能源计量器具配备和管理通则》中将能源计量器具配备率作为强制性要求，因此，实际运用时对“理论需要量”的正确把握非常重要。

十、能源计量目标

重点用能单位所要求实现的为保证能源计量数据准确可靠的总体要求。

【要点详解】

目标是指组织在某一方面所追求的目的。通常情况下，是根据组织的相关职能和层次分别规定该方面的目标。

能源计量目标是指用能单位在能源计量方面所要求实现的为保证能源计量数据准确可靠的总体要求。

能源计量是能源管理的基础，重点用能单位在制定能源计量目标时应与《能源管理体系要求及使用指南》（GB/T23331）中“能源目标”相适应，“在能源管理体系的框架下，由组织设定符合能源方针的目标，以实现特定结果”相一致。

第二节　能源计量管理

一、组织与管理

（一）组织机构

重点用能单位应明确能源计量工作的领导，确立能源计量主管部门，设置能源计量岗位，并以文件的形式明确规定其职责、权限和相互隶属关系。

【要点详解】

1. 组织机构

组织机构也可称为组织结构，通常指一个组织（如企业、事业单位等）对人员的职责、权限和相互关系的安排。

重点用能单位的组织机构应包括行政组织机构和能源计量管理组织机构。这里重点说下能源计量组织机构。

能源计量管理组织机构反映的是重点用能单位能源计量的管理层次、能源计量主管部门和其他管理部门及经营单位的构成、纵向能源计量管理的上下之间关系、横向部门之间的协作关系。能源计量管理组织机构可与企业已建立的能源管理组织机构进行整合。应以文件的形式来明确能源计量管理的组织：

（1）明确单位最高管理者、分管能源计量工作负责人、能源计量主管部门和能源计量各岗位的工作职责、权限和上下隶属关系。在能源计量管理制度或能源计量管理体系文件中应明确。

（2）以有效的文件形式进行内部发布，以确定能源计量工作的实际分管负责人，包括能源计量主管部门及其负责人。

（3）合理设置能源计量工作岗位。能源计量岗位的设置，应包括能源计量管理、能源计量器具配备、检定/校准和维修、能源计量数据采集、统计等。能源计量岗位的设置应适应本单位能源计量管理的需求。能源计量岗位人员应建立技术档案，并在单位人力资源部门备案。

重点用能单位的能源计量管理制度或能源计量管理体系文件中应包含组织机构框图。

2. 组织机构设置框图的编制

重点用能单位组织机构设置框图应包括行政组织结构框图和能源计量管理组织结构框图。它是以图示的形式表示，用于能源计量审查时的单位组织机构情况介绍。行政组织结构框图的编制应能表明用能单位行政组织结构、组成部门、组织层次和行政隶属关系。重点用能单位的行政组织结构框图示例见图 4-1。

重点用能单位能源计量管理组织结构框图的编制应能表明重点用能单位能源计量管理组织结构、管理层次、职能部门和上下隶属关系，能源计量管理组织结构框图示例见图 4-2。

例 4-1：××× 钢铁有限责任公司行政组织机构框图（图 4-1）。

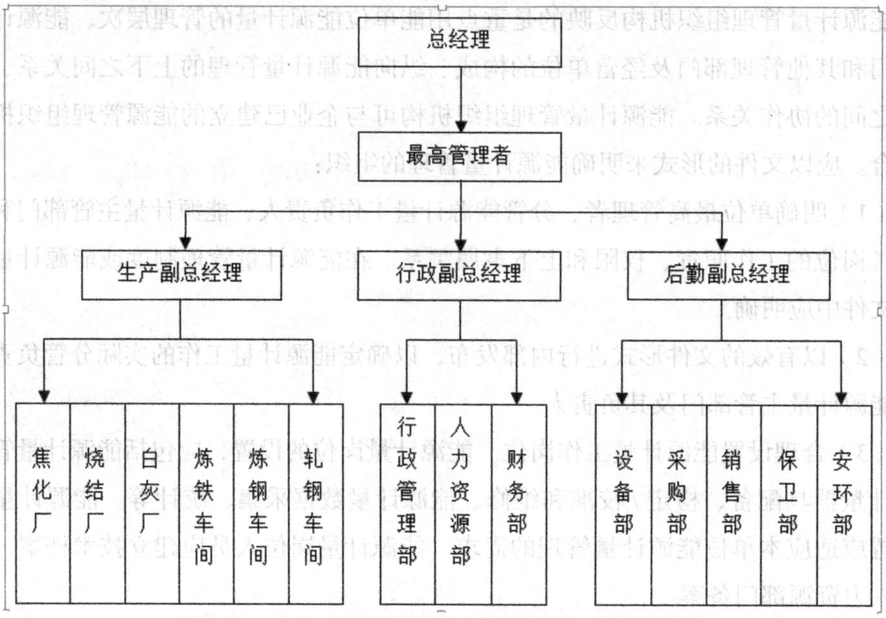

图4–1 ×××钢铁有限责任公司行政组织机构框图

例 4-2：××× 钢铁有限责任公司能源计量管理组织机构框图（图 4-2）。

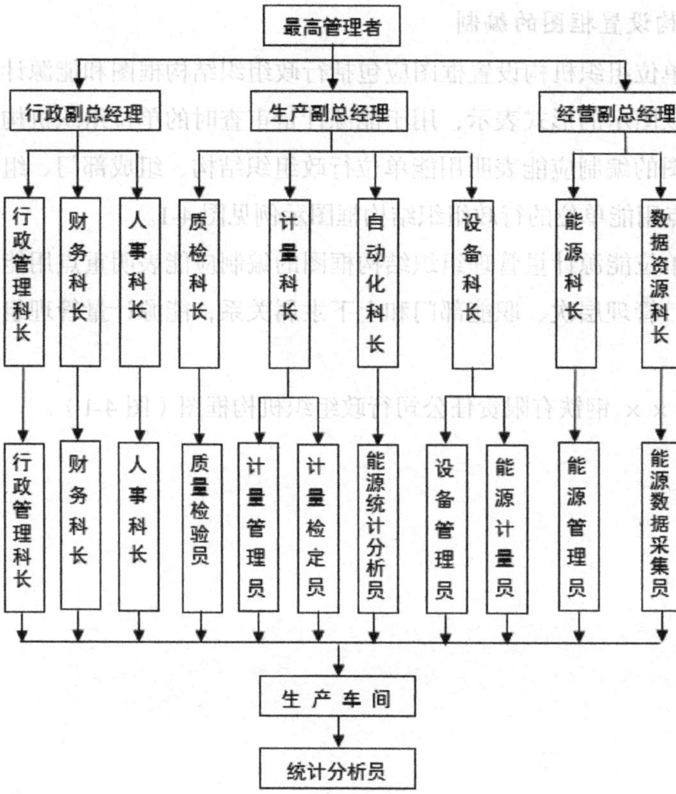

图4–2 ×××钢铁有限责任公司能源计量管理组织机构框图

（二）管理职责

最高管理者：

· 对本单位能源计量工作负总责；

· 向单位宣贯能源计量的重要性和能源计量法律法规的要求；

· 组织制定能源计量目标；

· 确保实现能源计量目标所需资源的有效配置；

· 决定改进能源计量工作的措施。

分管负责人：

· 确保按本规范要求，建立、实施能源计量管理制度；

· 组织对能源计量工作实施情况进行自查；

· 提出改进能源计量工作的建议。

主管部门：

· 组织落实本单位能源计量管理工作；

· 对本单位能源计量管理过程及效果进行分析，确保符合相关规定要求；

· 落实自查活动和改进措施。

能源计量岗位：

重点用能单位应设置能源计量管理、能源计量器具检定／校准和维护、能源计量数据采集、统计分析等岗位并明确其职责。

【要点详解】

管理职责泛指管理者或管理部门的工作职责，是指在职责范围内的工作中所负责的管理或工作范围和所承担的相应责任，包括完成效果等。重点用能单位能源管理职责通常包括最高管理者、分管负责人、主管部门和能源计量岗位四类人员及部门的职责。

1. 最高管理者：最高管理者是在单位最高层指挥和控制单位生产经营等活动的一个人或一组人。能不能做好单位能源计量工作，与最高管理者对此项工作的重视程度密不可分，重点用能单位应明确最高管理者对本单位能源计量工作负总责，确保实现能源计量工作所需的资源配置，以此来保障能源计量工作的顺利开展。

2. 分管负责人：分管负责人是重点用能单位负责能源计量工作的分管领导，对本单位能源计量工作履行组织、指挥职能。分管负责人可以由单位高层人员兼任，也可以是任命的中层负责人，可依据单位实际情况自行确定。

能源计量分管负责人在能源计量工作管理组织结构中处于承上启下的位置。在单位能源计量管理中十分重要，是单位开展能源计量工作的关键岗位。其职责应最少包含以下几个方面：

a. 建立、实施能源计量各项管理制度；

b. 组织开展能源计量核算报告；

c. 汇总、提出能源计量工作的建议；

d. 组织贯彻执行国家有关能源计量的政策、文件、技术规范或标准等；

e. 依据最高管理层决策，组织制定与执行能源管理制度、制定奖惩办法等；

f. 组织能源配额执行，分析排放状况；

g. 组织开展能源计量相关的培训、宣传等工作，开展技术交流，组织新技术规范等文件的学习等；

h. 定期组织企业温室气体排放核算报告的分析，提出合理化建议。

能源计量分管负责人应以文件形式确定，例 4-3 为 ××× 发电有限责任公司能源计量分管负责人人事任命文件。

例 4-3：××× 发电有限责任公司人事任命文件

×××发电有限责任公司文件

能源计量管理者代表任命书

为在公司内部有效贯彻执行 JJF1356—2012《重点用能单位能源审查规范》以及 GB 17167—2006《用能单位能源计量器具配备和管理通则》，加强对能源计量管理的领导，特任命 ××× 同志为公司能源计量管理的管理者代表，即能源计量管理分管负责人。其除依旧行使原有的部门岗位职责外，同时应做到以下管理者代表的职责：

1. 确保公司按《节约能源法》《能源计量检督管理办法》《重点用能单位能源审查规范》等法律法规要求，建立、实施能源计量管理制度；

2. 组织对能源计量工作实施情况进行自查；

3. 提出改进能源计量工作的建议；

4. 检督能源计量整改工作的落实。

管理者代表应认真完成以上职责，对公司建立、实施能源计量管理负主要责任。

总经理：×××

20×× 年 ×× 月 ×× 日

3. 主管部门：主管部门是指重点用能单位负责能源计量管理的职能部门，在分管负责人的领导下，组织、开展、落实和协调本单位能源计量管理工作。能源计量管理的主管部门不一定要单独设立，可根据本单位机构设置的实际情况，以职能不交叉为前提自主确定。可把单位能源计量管理的职能与能源计量工作进行统筹，归入设备科、能源科、计量装备科室等，这些部门就成为能源计量管理的主管部门。

能源计量主管部门是能源计量管理工作的具体执行者，一般应担负但不限于下面几项工作：

a. 组织落实本单位能源计量管理工作；

b. 对本单位能源计量管理过程及效果进行分析，确保符合相关规定要求；

c. 组织编制和修订单位能源计量设备、能源计量器具技术性文件，按照《用能单位能源计量器具配备和管理通则》（GB 17167）组织配备计量器具；

d. 按要求组织对能源计量器具进行检定或校准；

e. 对需要自行校准的计量器具，组织人员进行校准方法确定；

f. 按时对能源计量数据进行审核。

4. 能源计量岗位：岗位是一个组织的重要组成部分，也是组织要求个体完成的一项或多项责任以及为此赋予个体的责任、权利和义务的总和。能源计量岗位按能源计量工作的职能和性质应包含能源计量管理岗位、能源计量器具使用管理岗位、能源计量器具检定 / 校准岗位、能源计量数据采集岗位、能源计量数据分析岗位、能源数据质量控制岗位等。

按《重点用能单位能源计量审查规范》的要求，设置能源计量管理、能源计量器具检定 / 校准和维护、能源计量数据采集、统计分析等岗位。规范设置岗位的要求是原则性的，重点用能单位应根据本单位能源计量工作的现实情况和实际需要设置相应的岗位，但应至少包括规范规定的岗位设置要求。

应因事设岗、因需设岗，如果某项工作不涉及则就不需要设置该岗位。如重点用能单位对能源计量器具不自行开展检定 / 校准的，就可以不设置能源计量检定员岗位。

能源计量岗位要按照能源计量分类、分级、分项的要求制定详细的职责并形成文件。落实岗位责任制，将各项能源计量工作进行细化，责任到人。

二、能源计量管理制度

重点用能单位应按《重点用能单位能源计量审查规范》要求建立健全能源计量管理制度，并保持和持续改进其有效性。

管理制度应形成文件，传达至有关人员，被其理解、获取和执行。

能源计量管理制度至少应包括下列内容：

· 能源计量管理职责；

· 能源计量器具配备、使用和维护管理制度；

· 能源计量器具周期检定 / 校准管理制度；

· 能源计量人员配备、培训和考核管理制度；

· 能源计量数据采集、处理、统计分析和应用制度；

· 能源计量工作自查和改进制度。

【要点详解】

（一）能源计量管理制度的作用

重点用能单位的能源计量管理制度是其在生产活动中与能源计量相关领域所采取的管理模式和管理方法的具体描述，约束和规范企业能源计量相关的部门及成员在日常工作过程中的计量行为。

建立和健全能源计量管理制度是企业能源计量工作的基础工作。通过管理制度来规范各部门人员的能源计量行为，避免工作的随意性、随机性和人为性。按照能源计量管理制度的要求开展能源计量工作，充分发挥计量工作的管理基础作用，可以完善能源基础性管理工作，确保能源计量数据真实准确，通过科学合理地配备、及时有效地检定 / 校准，规范地使用能源计量器具，不断提升计量人员素质，以保证仪器、仪表安全运行，准确、及时、完整地提供能源计量数据，为企业各项工作提供技术支撑。

（二）能源计量管理制度的建立健全

建立能源计量管理制度，对重点用能单位能源计量管理、能源计量人员、能源计量器具、能源计量数据管理、数据质量控制、数据质量管理等内容进行统筹规划、系统分析和整体设计，并建立实施方案。建立的能源计量管理制度应包括按照相关文件或配额要求确定能源计量目标、规定和落实能源计量职责、分析能源计量需求、配备和保持能源计量职能所需的资源、确定能源计量过程、管理制度的文件化等环节。

健全能源计量管理制度需要能源计量管理制度不断完善和改进，以保持和改进其有效性。

（三）能源计量管理制度的制定

重点用能单位能源计量管理制度应形成文件。制定管理制度是管理体系文件化的一个组成部分。根据重点用能单位的类型、规模、产品和生产过程的不同，以及重点用能单位管理能力和水平的不同，能源计量管理制度可以采用多种形式表达，可以以管理体系文件的形式表达，也可以以管理规章的形式表达等。重点用能单位建立健全能源计量管理制度是最基本的要求，但不强求建立健全文件化的能源计量管理体系。《重点用能单位能源计量审查规范》（JJF1356—2012）对重点用能单位能源计量管理制度的体现形式虽未做具体要求，但是从我国的重点用能单位可以看出这些都具有较大生产规模、庞大的员工队伍、规范化的管理结构、较高的管理者素质，基本上都建立了质量管理体系或测量管理体系，具有实现能源计量规范化、制度化管理的先决条件，对于这类的重点用能单位，有能力也有必要建立文件化的能源计量管理体系，或将能源管理涉及的各项工作内容融入质量管理体系或测量管理体系中。

重点用能单位制定能源计量管理制度应注意以下三个问题：

a. 能源计量管理制度要形成文件。任何管理都要按章办事，这个“章”就是制度的文件化，为了保证能源计量管理的科学性、规范性和有效性，必须建立文件化的能源计量管理制度。管理制度应正式发布，使之具有约束力和权威性，并保证能源计量管理制度是授权批准发布的正式文件，且现行有效。文件可以采用多种形式或类型的承载媒体方式。比如纸质文件、电子文件等，或其他形式的组合，文件必须保证受控以保证其现行有效。

b. 能源计量管理制度是重点用能单位对能源计量工作中各个相互作用的过程和活动及其要求的具体规定。基本内容通常包括活动的目的和范围、工作内容、执行人、工作时间、工作方法以及控制和记录等，对于能源计量数据采集应明确使用的计量器具、采集方式、数据处理方法等内容。

c. 重点用能单位应按照合理用能原则，以加强节能管理、推进技术进步、提高能源利用效率、降低成本、提高效益、减少排放为目的，制定与重点用能单位实际相结合，遵循国家有关部门法律、法规、文件、技术规范等要求。

《节约能源法》《计量法》《能源计量监督管理办法》等法律法规，以及《重点用能单位能源计量审查规范》《用能单位能源计量器具配备和管理通则》国家标准等技术规范是制定能源计量管理制度的主要依据。

编制能源计量管理体系文件应把握好以下要点：

a. 合理确定能源计量管理体系的构成形式。能源计量管理是能源管理的基础，也是计量检测体系的构成部分，因此，能源计量管理体系可以是能源管理体系或计量检测体系的子体系或构成要素。能源计量管理是计量管理的重要内容，而计量管理又是质量体系的重要要素，因此，能源计量管理也可以是质量体系的构成要素。

重点用能单位的能源计量管理体系可以是独立的体系，也可以是用能单位质量管理体系（GB/T 19001）或测量管理体系（GB/T 19022）或能源管理体系（GB/T 23331）等体系的组成部分。

体系的构成形式是编制体系文件的框架，重点用能单位在确定能源计量管理体系的构成形式时，要充分考虑到能源计量管理体系与其他管理体系之间的内在联系，本着管理职能不交叉、管理手段相协调、管理事项不重复、管理效能最高效的原则，进行优化设计，合理确定能源计量管理体系的构成形式。

b. 正确选定能源计量管理体系文件的结构。建立清晰的能源计量管理体系文件结构，有助于体系运行的有效性。管理体系文件应包括方针目标、管理手册、程序文件、作业指导文件、记录等种类，形成分层结构。体系文件之间存在内在的有机联系，各层次文件之间可以相互引用，除方针目标外，上层文件可包括或者引用下层文件。如计量管理手册可以包括或引用程序文件，程序文件可以包括或引用作业指导文件、记录等。

通常情况下体系文件分为以下四个层次：

第一层次，管理手册。管理手册规定方针、目标和总体要求，是用来描述管理体系的过程、要素要求、职责和途径。对重点用能单位来说，它是实施能源计量管理各项活动的纲领和指南，其详细程度和格式编排形式受单位组织形式、规模、生产经营活动的复杂程度等诸多因素影响，在编制管理手册时要充分考虑这些因素。

第二层次，程序文件。程序是为进行某项活动或过程所规定的途径，含有程序的文件可称为程序文件。程序文件应规定管理体系要素所涉及的活动的具体要求。

第三层次，作业指导文件。作业指导文件属于第三层次的文件，应规定技术操作过程及资源，规定操作方法、技术事项和要求等。这类文件是对管理手册或程序文件的有效补充。可以以规范（阐明具体要求的文件）、规程（阐明操作程序和要求的文件）、指南（声明推荐的方法或建议的文件）、图样（给出操作依据或指明过程、物质流、信息流等流向的文件）等方式体现。

第四层次，记录文件。记录是为完成的活动或达到的结果提供客观证据的文件。记录文件按其内容属性可分为计量记录、管理记录、技术记录等。计量记录阐明计量活动及所取得结果的文件，应规定所完成计量活动的证据内容；管理记录是阐明管理事项或活动及所取得的结果的文件，管理记录应规定所完成管理事项或活动的证据等内容；技术记录是指对能源计量器具进行检定 / 校准或实验等技术活动所得的重要信息和数据的收集，要明确对能源计量器具进行检定 / 校准或试验等技术活动是否达到了规定的技术质量要求或规定的过程参数等。

c. 管理体系所要求的文件应予以控制。重点用能单位对能源计量管理体系有关的文件，无论是内部生成的文件，还是来自外部的文件都应加以控制。要制定文件控制程序进行控制，包括文件的编制、审核、批准、发放、使用、更改、作废和回收等管理事项。其内容包括以下方面：

●文件发布之前应得到批准，以确保文件是充分的、适宜的；

●必要时对文件进行评审与更新，并再次批准；

●确保文件的更改和现行修订状态得到识别；

●确保在使用时可获得适用文件的有关版本；

●确保文件保持清晰、易于识别；

●确保外来文件得到识别，并控制其分发；

●防止作废文件的非预期使用，若因任何原因而保留作废文件时，应对这些文件进行适当的标识。

记录文件是一种特殊类型的文件，其记录格式应按文件控制格式的要求进行控制。记录要保持清晰、易于识别和检索，要编制记录控制的程序，对记录地标识、存储、保护、检索、保存期限和处置各个环节进行规定。

（四）能源计量管理制度的保持和持续改进

能源计量管理制度的适宜性问题关系到用能单位的能源计量体系能否有效施行，因此，能源计量管理制度实施过程中要针对具体情况进行定期评审，评审时间间隔可自行确定，一般三年评审一次为宜。评审的目的是及时获得能源计量管理制度实施过程中的信息，发现存在的问题，便于识别和更改。发现文件需要进行更改时，应对更改的内容和更改可能导致的影响进行评估和预测。文件修改应采用合适的方法，避免不必要的混乱，尽量做到修改有标识，并可以追溯。经修改后的文件还应重新审批，而后发放到使用场所或相应人员，并收回旧版本防止误用。

（五）能源计量管理制度贯彻实施

重点用能单位必须将能源计量管理制度传达至有关人员，确保被其获取、理解，得到有效执行。有关能源管理和能源计量管理的法规、技术标准和能源计量管理制度，应及时对有关人员进行宣贯、培训。

一是要采用多种方式进行宣贯和培训，如采用派人员接受外部培训、组织内部培训、组织文件宣贯、开展技术业务交流等方式。

二是要保留对有关人员进行宣贯、培训的记录，以证明其接受培训的情况和掌握的技术业务知识或具备的能力。

三是要确保能源计量管理制度的使用者获取适用的制度文件，能源计量管理制度或能源计量管理体系文件是用于执行的，要达到按章办事的目的就需要使用者获取适用、有效的制度文件、使用者包括能源计量管理制度的执行者和管理者。所谓“获取”可通过纸质文件领用、单位内部网络浏览、使用场所制度牌等手段，让使用者获得相应的文件。

四是要确保能源计量管理制度得到有效实施，并能提供实施的记录。建立能源计量管理制度的关键所在是实际管理工作的符合性和有效性，在于有效地贯彻执行。按制度进行实施的过程以及执行的结果一定要有记录，以形成客观证据来证明。

（六）能源计量管理制度的内容要求

《重点用能单位能源计量审查规范》要求重点用能单位制定的能源计量管理制度至少应包括 6 项，这是对重点用能单位在管理制度最基本的要求。因为各重点用能单位在生产规模、用能种类等方面差距很大，所以各重点用能单位可根据各自单位的规模、管理方式和实际情况制定相应的能源计量管理制度，但管理制度的内容至少要包括《重点用能单位能源计量审查规范》要求的内容。重点用能单位对《重点用能单位能源计量审查规范》要求的 6 个基本管理制度的制定，不能只停留在形式上，在内容上也应有一定的要求以便能真正起到能源计量管理的作用。

1. 能源计量管理职责

能源计量管理职责是指针对能源计量管理事项所规定的有关岗位的工作职责。职责的确定应遵循责任、权力和义务相一致的原则，以确保管理事项有效实施。管理职责可在描述管理事项时反映出来，也可在描述岗位的工作职责时反映出来。

2. 能源计量器具配备、使用和维护管理制度

该制度要明确能源计量器具配备、保存、运输、维护、使用、修理、更换、改造、封存等工作的具体要求和方式或方法，并符合《重点用能单位能源计量审查规范》的要求。

3. 能源计量器具周期检定 / 校准管理制度

该制度是有关能源计量量值溯源的规定，应明确能源计量器具（包括自行检定 / 校准的计量标准器）的周期检定或定期校准计划和执行方式或方法，并符合《重点用能单位能源计量审查规范》的要求。

4. 能源计量人员配备、培训和考核管理制度

该制度应明确能源计量岗位的人员配备要求，包括岗位任职条件、专、兼职规定等；要明确技术业务培训、考核的管理部门和培训、考核的方式或方法，并符合《重点用能单位能源计量审查规范》的要求。

5. 能源计量数据采集、处理、统计分析和应用制度

该制度要明确能源计量数据采集的范围、数据采集人员（岗位）、数据采集的具体要求和方式或方法；要明确能源计量数据管理（包括数据采集、报告等）的职能部门和数据管理的方式或方法，并符合《重点用能单位能源计量审查规范》的要求；要明确能源计量数据统计、分析、汇总、上报等职能的归口管理部门和数据统计、分析、应用的方式或方法，并符合《重点用能单位能源计量审查规范》的要求。

6. 能源计量工作自查和改进制度

该制度要明确能源计量工作自查等工作的管理部门、自查计划、自查的具体要求和方式或方法；要明确能源计量工作改进的要求和方式或方法，包括识别改进的机会、制定改进措施、评定改进效果等，并符合《重点用能单位能源计量审查规范》的要求。能源计量工作的改进包括管理上的改进和计量技术手段上的改进，通过改进以提高工作效能或更好地为节能降耗服务。改进的有效性需要进行必要的测量或监控活动。

三、能源计量目标

重点用能单位应根据计量法律法规，强制性规范文件要求和本单位节能目标，确定能源计量目标并形成文件，能源计量目标应是可测量的，与能源方针、节能目标等保持一致。

能源计量目标由最高管理者授权发布，至少应包括下列内容：

1）确保能源计量器具配备，周期检定／校准、使用等符合相关要求；

2）确保能源计量人员配备，培训等符合相关要求；

3）确保能源分类、分级、分项计量；

4）确保能源计量数据完整、真实、准确和有效应用；

重点用能单位应制定能源计量目标的测量方法并定期对目标实施情况进行评价。

【要点详解】

（一）能源计量目标的作用

能源计量目标是指组织所要求实现的为保证能源计量数据准确可靠的总体要求。它是与能源计量有关的组织所追求的成功作为目的的事物。

能源计量目标是能源方针或计量方针的进一步展开，是组织各个职能和层次上所努力追求的主要工作任务，能起到明确目标任务的作用；能源计量目标也是评价能源计量管理有效性不可缺少的判定指标，能起到明确能源计量管理有效性判定标准的作用。

（二）制定能源计量目标的依据

重点用能单位制定能源计量目标的依据要考虑以下三个方面：

1. **法律法规和技术规范的要求**

能源计量法律法规和技术规范对用能单位的能源计量工作有许多层次性的、指标性的要求，这恰好是制定目标的具体要求，如能源计量器具的配备率，能源计量器具的准确度等级要求、分类计量、分级计量、分项计量等要求。

2. **第三方认证等方面的要求**

能源管理和计量管理涉及第三方认证，如果用能单位申请了第三方认证，则能源计量目标的内容就应符合第三方认证的要求。

3. **能源方针或计量方针**

能源方针或计量方针是制定能源计量目标的基础，因此，能源计量目标的内容就应与能源方针或计量方针保持一致。

重点用能单位制定的能源计量目标应形成文件，可将重点用能单位的能源计量目标写入管理手册，其他各层分解后的目标可在相应的程序文件或作业指导文件中予以体现，无论采用哪种方式，所有关于能源计量目标的文件都应受控，目标分解到哪一层次，需根据重点用能单位的具体情况而定。一般而言，目标的分解以能转化到部门的工作任务为宜，只要能够确保总体计量目标得以实现。制定的能源计量目标可包括总体目标和具体目标。

（三）能源计量目标的制定

由于能源计量是能源管理体系的一个主要要素，因此能源计量目标也是能源目标的一个方面，用能单位可单独制定能源计量目标，也可以在制定的能源目标中包含能源计量目标。重点用能单位的能源计量目标应是可测量的，应与能源方针、节能目标等保持一致。

重点用能单位制定能源计量目标时，应考虑以下四个方面：

一是能源计量目标应当层层分解到用能单位的各个相关职能和层次上，这样才能有的放矢，将总体目标与各个岗位的具体工作联系起来，使目标真正落到实处，能源计量目标才能更具有可执行性和可评价性。

二是能源计量目标应当是可测量的。在制定能源计量目标时，应将能源方针或计量方针中关于能源管理、计量管理和持续改进等方面的各项要求实际转化为可测量的具体的目标，尤其是操作层次上的目标应该尽可能定量。这样做的益处在于，既能体现方针为目标的建立提供框架这一内涵，又可以为能源计量管理的有效性评价提供方便。

三是能源计量目标应当切合实际，具有可实现性。既不能定得过高，无法实现；也不能定得过低，只满足最基本的要求，缺乏追求。因此，需对实现目标的能力和所需要投入的资源有一个全面地评估和预测。

四是能源计量目标应当被用能单位内部的相关部门或人员所认同。能源计量目标是对用能单位内部的相关部门或人员工作的总体要求，如果未得到他们的认同，这样的目标就没有实施的基础。

（四）能源计量目标的内容

能源计量目标是重点用能单位对能源计量工作所追求的结果，是加以实现的主要工作任务，也是评价重点用能单位能源计量管理有效性的重要评定指标。因此，确定能源计量目标是重点用能单位最高管理者的职责，由最高管理者授权发布体现出能源计量目标的重要性和权威性，有利于在重点用能单位内部各层次进行贯彻执行。

重点用能单位的能源计量目标中至少要包括以下四个方面的内容：

一是要确保能源计量器具配备、周期检定／校准、使用等符合《计量法》、《用能单位能源计量器具配备和管理通则》（GB 17167）及《重点用能单位能源计量审查规范》的相关要求。要明确用于进出本单位、次级用能单位、主要用能设备的能源计量器具的配备率、能源计量器具的准确度等级；要明确用于能源分类、分级、分项管理的计量器具的配备率、准确度等级，要明确各种能源计量器具的周期检定率等内容。

二是要确保能源计量人员配备、培训等符合《重点用能单位能源计量审查规范》的要求。明确能源计量岗位、职数以及人员要求的相关内容，对能源计量人员的培训应有培训内容、课程设置、学时要求、考核要求等内容。

三是要确保能源分类、分级、分项计量。重点用能单位的能源计量要满足用能单位能源分类、分级、分项计量的要求，也就是要对用能单位的能源进行全面的计量。该目标既涉及能源计量器具的配备，又涉及能源计量人员的配备和能源计量数据的采集，重点用能单位可根据《重点用能单位能源计量审查规范》的有关条款要求，通过具体的要求和措施，来保证用能单位达到能源分类、分级、分项的计量要求。

四是要确保能源计量数据完整、真实、准确和有效应用。重点用能单位要制订对能源计量数据准确的要求与目标，不需要考虑能源数据应用的目标。例如，利用能源数据进行技术改造、工艺改进、节能措施的数量、节约能源的数量等内容。

上述四个方面的目标内容是重点用能单位能源计量目标的基本内容，重点用能单位可根据本单位能源计量的实际需求制定其他方面的目标内容。

（五）能源计量目标的实施评价

重点用能单位制定的能源计量目标应是可测量的，应制定能源计量目标的测量方法，并定期对目标实施情况进行评价。

重点用能单位在制定具体的、可测量的能源计量目标时，就应该考虑目标的测量方法，这是衡量目标是否实现的判定依据。目标是用于考核和评价的，如果只有目标而没有目标的测量方法，那么衡量目标是否实现就会产生许多不确定性，也就失去了制定目标的意义。

同时，重点用能单位应定期对目标实施情况进行评价。一般情况下，每年都应对能源计量目标的实施情况进行评价。目标实施情况的评价是重点用能单位管理评审的重要主题，也是最高管理者的主要职责，重点用能单位最高管理者在按计划对能源计量管理的适应性、充分性和有效性进行系统评价时，需对能源计量目标实施情况进行评价，并将评价结果作为内部考核的依据。

第三节　能源计量人员

一、能源计量人员配备

重点用能单位应根据工作需要配备足够的专业人员从事能源计量管理工作，保证能源计量职责和管理制度落实到位。

重点用能单位应设专人负责能源计量器具配备、使用、检定／校准、维护、报废等依法实施能源计量器具的检定／校准，确保计量器具量值的正确可靠，满足能源计量分分项考核的要求。

重点用能单位应设专人负责能源计量数据采集、统计、分析，保证能源计量数据完整、真实、准确。

【要点详解】

（一）人力资源

人力资源是实施能源计量科学管理的核心，因此，重点用能单位要根据工作需要配备足够的专业人员从事能源计量管理工作，这是保证能源计量管理制度落实到位的关键所在。

所谓“工作需要”，是指根据重点用能单位的企业规模、生产特点、用能结构、能耗量和能源计量器具配备等实际情况，从能源计量管理、能源计量器具管理、制度的实施、能源计量器具检定校准、能源计量数据采集、能耗数据统计分析等方面来确定能源计量工作的实际需要。

“足够”是指根据重点用能单位的企业规模、生产特点、用能结构、能耗量和能源计量器具配备等实际情况，从能有效开展能源计量工作、到达到预期节能标的角度来确定能源计量专业人员。“专业人员”是指具有其所从事岗位的专业知识或岗位任职资质或技术职务和实际经验的人员。专业人员并不是专职人员，专业人员强调的是人员的资质、知识和技能，并不强求专人专职，用能单位可根据企业规模的大小、职工人员的多少、内部机构设置等情况而定，从事能源计量工作的人员可以是专职人员，也可以是兼职人员。如能源计量器具的管理人员可由计量管理员兼职，能源计量数据采集人员可由用能设备操作人员兼职等。

由于用能单位的主要次级用能单位和主要用能设备能源计量器具管理是能源计量管理的关键所在，往往具有较强的专业性，因此，对规模较大的用能单位，其能源计量器具管理、主要次级用能单位和主要用能设备能源计量器具的管理，尽可能由专人负责，这也是《用能单位能源计量器具配备和管理通则》（GB 17167）中的要求。

重点用能单位能源计量专业人员的范围应包括能源计量管理、能源计量自查、能源计量器具检定／校准和维护、能源计量数据采集（抄表）、能源计量数据统计分析等人员。有的用能单位按能源管理要求配备的能源管理员也负有某些能源计量的责任，也可作为能源计量人员进行管理。

（二）重点用能单位能源计量人员的配备，要保证能源计量职责和管理制度落实到位

保证能源计量职责和管理制度落实包含以下要求：

1. 要保证重点用能单位制定的管理制度的贯彻执行落实到具体各个岗位。《重点用能单位能源计量审查规范》要求重点用能单位建立的能源计量管理制度范围较广，涉及较多岗位，也需要配备一定的专（兼）职人员。管理制度的贯彻执行必须落实到具体岗位，设置的岗位需要配备相应的人员，因此，要做到因事设岗、因需设岗，有岗必有其人。

2. 要保证能源计量各岗位的人员工作职责落实到人。对于规模较大的重点用能单位，某些能源计量岗位需要一岗多人；对于规模较小的重点用能单位，某些能源计量岗位有可能是一人多岗。但是不管是一岗多人，还是一人多岗，都要把相应岗位的工作职责落实到人，即责任到人，前提是要保证其能够胜任所从事岗位的工作。

3. 重点用能单位要设专人负责能源计量器具管理工作。

通常情况下，重点用能单位与能源计量器具有关的人员包括能源计量管理员、能源计量器具管理员、能源计量器具操作者、计量检定 / 校准员、能源计量器具维护员等。由于能源计量工作是一项法治性和技术性都比较强的工作，因此必须配备专人从事能源计量器具管理工作，才能有效实施能源计量管理。

所谓“专人负责”，是指专门指派相对长期固定的人员，由其负责某项工作。通常是按岗位指派人员，不管其是专职还是兼职，都要明确其工作范围和职责，并对指派的各级人员都要实行岗位责任制，把各项工作任务落实到人。

能源计量管理（包括能源计量器具管理）人员的工作职责可概括为以下几点：

a. 编制和修订计量网络图、计量器具量值溯源图等技术性文件；

b. 对自行检定的能源计量器具制订计量标准建标计划和建标技术文件；

c. 制订能源计量器具购置计划和对新购能源计量器具进行验收；

d. 能源计量器具使用过程的日常监督和管理；

e. 建立和维持能源计量器具管理台账、档案；

f. 建立和维持能源计量人员技术档案；

g. 制订能源计量器具的周期检定 / 定期校准、期间核查计划和送检 / 送校。

能源计量器具检定 / 校准人员的工作职责可概括为以下几个方面：

a. 依据有关计量检定规程 / 校准规范等技术文件的规定，对能源计量器具进行检定 / 校准；

b. 按检定 / 校准等技术文件的规定，正确填写各项记录，准确出具检定 / 校准证书；

c. 正确使用、维护和保管能源计量标准器，做好仪器设备使用记录；

d. 对能源计量标准进行期间核查，确保其使用的可信性。

能源计量器具操作人员的工作职责可概括为以下几个方面：

a. 使用能源计量器具进行能源计量、数据采集和记录；

b. 对能源计量器具在使用中进行日常维护。

能源计量器具维护人员的工作职责可概括为以下两个方面：

a. 对能源计量器具进行定期维护和保养；

b. 对有关能源计量器具进行故障排除和维修。

4. 重点用能单位要依法实施能源计量器具的检定 / 校准。

依法实施能源计量器具的检定 / 校准是针对检定 / 校准人员而言的，检定 / 校准人员在计量器具检定 / 校准过程中保证量值传递准确可靠是法定的职责。检定 / 校准人员依法实施能源计量器具的检定 / 校准，是确保计量器具量值正确可靠的重要因素。

按照《计量违法行为处罚细则》第二十二条规定："计量检定人员有下列行为之一的，给予行政处分；构成犯罪的，依法追究刑事责任：

（一）违反检定规程进行计量检定的；

（二）使用未经考核合格的计量标准开展检定的；

（三）未取得计量检定证件进行计量检定的；

（四）伪造检定数据的。"

《计量违法行为处罚细则》第二十三条规定："计量检定人员出具错误数据，给送检一方造成损失的，由其所在的技术机构赔偿损失；情节轻微的，给予计量检定人员行政处分；构成犯罪的，依法追究其刑事责任。"

计量检定是一种法定的行为，重点用能单位的计量检定人员要按照相关要求实施能源计量器具的检定，确保出具的检定结果准确、可靠，并符合计量法治要求。

对于校准，虽然是重点用能单位的自主行为，但是确保计量器具量值的准确、可靠是我国《计量法》的立法宗旨，因此，计量校准人员也应按有关规定取得校准资质，并确保出具的校准结果准确、可靠。

5. 重点用能单位能源计量人员的配备要满足能源计量分类、分级、分项考核的要求。

能源计量人员的配备是实施能源计量分类、分级、分项考核的基础，重点用能单位除配备相应的能源计量器具外，还应根据分类、分级、分项计量的需求，配备相应的能源计量人员。对规模较大的重点用能单位还要配备专人负责主要次级用能单位和重点用能设备能源计量器具管理，因为这是重点用能单位能源计量管理的关键，而且主要次级用能单位和重点用能设备能源计量器具管理往往具有较强的专业性，应由专业水平较高的人员进行管理。重点用能单位可以根据本单位能源计量工作开展的实际情况安排若干人专职或兼职管理。

6. 重点用能单位应设专人负责能源计量数据采集、统计、分析。

负责能源计量数据采集、统计、分析的岗位，可以单独设置，如设置抄表员、能源统计员、耗能分析员等岗位，也可以合并设置岗位，如设置能源计量数据管理员岗位等。重点用能单位应根据本单位的用能规模和实际情况，对能源计量数据采集、统计、分析设置岗位，配备专人负责，并明确其职责。

能源计量数据采集人员的工作职责可概括为以下几个方面：

a. 按有关规定对能源的实物量、能量值等进行计量或测试和记录；

b. 按有关规定对能源消耗各环节的计量数据采集点进行定期数据采集和记录。

能源计量数据统计分析人员的工作职责可概括为：

a. 建立和维护能源消耗计量检测数据计算机管理系统；

b. 对能源消耗的数据定期抄表记录进行复核；

c. 按有关规定对能源消耗数据进行处理（包括计算机处理）、统计上报和消耗分析；

d. 对计算机存储数据资料进行安全性保护。

能源管理人员的工作职责可以概括为以下几个方面：

a. 根据能源流动情况编制相应的能源流向图；

b. 根据能源实际消耗情况定期编制能量平衡表；

c. 进行节能监测和用能分析。

7. 重点用能单位能源计量人员的配备应保证能源计量数据完整、真实、准确。

由于能源计量数据地采集、统计、分析往往有较强的专业性，涉及能源基础知识和统计技术等方面的知识及操作技能，因此，负责能源计量数据采集、统计、分析的人员应具备较高的职业道德，并掌握相应的专业业务知识和技能才能保证数据的完整、准确。由此可见，重点用能单位应配备具有较高的职业道德，掌握相应的专业业务知识和技能的人员从事能源计量数据采集、统计和分析工作。

二、人员培训和资质

重点用能单位从事能源计量管理、能源计量器具维护、能源计量数据采集、能源计量数据统计分析等工作的人员，应掌握从事岗位所需的专业技术和业务知识，具备能源计量技术和业务能力，定期接受培训，并按有关规定持证上岗。

重点用能单位从事计量检定／校准等工作的人员应通过相关培训考核，取得相应资质。

【要点详解】

（一）能源计量人员履责的基本要求

从事能源计量管理、能源计量器具维护、能源计量数据采集、能源计量数据统计分析的人员要符合以下基本条件：

1. 能源计量人员必须热爱计量工作、恪尽职守；熟悉计量法律法规，遵纪守法；精通业务，能及时解决发生的问题或提出处理意见；具有细致、踏实的工作作风，工作有条理，记录认真。

2. 能源计量人员应当掌握其从事岗位所需的专业技术和业务知识，具备能源计量技术和业务能力，并定期接受培训。能源计量管理人员除要具备较强的管理知识和经验外，还要具备一定的检定、校准知识，即使只是了解性的。

3. 能源计量器具维护人员应能够熟练地维护和保养计量器具，能够准确判断能源计量器具是否处于正常状态，能够对能源计量器具进行调试，能够排除能源计量器具常见的、易于维修的故障。

4. 能源计量器具使用者应熟悉所使用的能源计量器具的原理、结构和性能，能熟练地使用、维护和保养计量器具，能够准确判断设备是否处于正常状态。

（二）人员培训

对能源检测结果、能源计量数据负有责任的人，必须具备相应的知识和工作实践经历，用能单位还要有计划地组织相关人员在职培训，使相关人员的能力与当前和预期的任务相适应。对能源计量工作人员进行能源计量专业知识培训，实行岗位责任职责制，才能有效实施能源计量管理。

培训是使能源计量人员具备一定意识、达到相应能力的重要手段。培训要强调满足用能单位要求、满足特定相关方需求或期望的重要性，还要使员工了解未满足这些要求将对用能单位和员工自身造成的负面影响或后果。重点用能单位对从事能源计量管理、能源计量器具维护、能源计量数据采集、能源计量数据统计分析等工作的人员，上岗前要进行相关知识培训，并参加考试和考核，合格后方可参加相关的能源计量工作，使其掌握从事岗位所需的专业技术和业务知识，具备能源计量技术和业务能力，并保存其培训、考试和考核合格的证明。

重点用能单位应对能源计量人员的技术培训进行必要的策划，明确能源计量人员的技术需求，制订和实施人员技术培训的长远规划和年度实施计划，并保留培训记录。

制订计划时，要充分考虑能源计量各环节的技术因素、员工技术素质的发展趋势，以及企业文化引起的种种变化，通过培训要使员工具备应掌握的知识和技能，还要结合实践经验才能最终达到所需的能力。

所谓“定期接受培训”，主要是指对于有职业资质要求的岗位，其上岗人员取得资质后应按有关规定参加有关部门组织的定期培训和考试，以达到更新知识、适应岗位发展需要的目的。所谓“持证上岗”，是指对于有职业资质要求的岗位，其上岗人员应取得相应资质，持有效的资质证书方能上岗工作。

（三）人员资质控制

对人员资质进行必要的控制，才能确保有资质需求的关键岗位，其配备的人员都具有相应的能力和资质，因此，用能单位要制定相应的制度规定，对能源计量人员资质进行控制，做到持证上岗。

一是对从事能源计量管理、内部自查等特殊岗位的人员，应按有关规定考核合格，取得相应的任职证明；

二是在使用长期聘用的或临时的或外部支持服务的技术人员时，应确保这些人员具有相应的能力和技术任职资格，并能按重点用能单位能源计量管理制度的要求进行工作；

三是对聘用的与能源计量数据有关的人员、其他技术人员及关键支持人员，应按规定进行监督，以防止这些人员无证上岗或超范围工作；

四是要对关键岗位的人员进行授权，未经授权的人员不得从事需经授权的工作。

（四）人员资质证书

在实际的工作中，国家有关节能或计量主管部门对从事能源计量的工作人员颁发的证件，对其他的能源计量工作人员的考核发证一般由用能单位自定，一旦国家有关主管部门有了具体部署则应按相应的要求进行培训发证。

1. 计量检定人员的资质是计量法治要求。

按国家计量法规的规定，对企业或事业单位从事计量检定或校准的人员，上岗前要经过计量专业理论和相应项目的实际操作培训，确保具有从事相应项目检定或校准工作的能力。其能力证件可以是本部门或本单位签发的上岗证，也可以是其他能够证明具有相应能力的证件，如注册计量师注册证。

2. 计量检定 / 校准人员的资质条件

按《注册计量师职业资格制度规定》第十条规定，一级注册计量师职业资格考试报名条件：

a. 取得理学或工学门类专业大学专科学历，工作满 6 年，其中从事计量技术工作满 4 年；

b. 取得理学或工学门类专业大学本科学历，工作满 4 年，其中从事计量技术工作满 3 年；

c. 取得理学或工学门类专业双学士学位或研究生班毕业，工作满 3 年，其中从事计量技术工作满 2 年；

d. 取得理学或工学门类专业硕士学位，工作满 2 年，其中从事计量技术工作满 1 年；

e. 取得理学或工学门类专业博士学位，从事计量技术工作满 1 年；

f. 取得其他学科门类专业相应学历、学位的人员，其工作年限和从事计量技术工作的最低年限相应增加 1 年。

按《注册计量师职业资格制度规定》第十一条规定，二级注册计量师职业资格考试报名条件：

取得中专及以上学历或学位，从事计量技术工作满 1 年。

3. 计量检定 / 校准人员的资质控制

对计量检定 / 校准人员资质进行必要的控制，能够确保计量检定 / 校准岗位配备的人员都具有相应的能力和资质。

a. 具有从事相应项目检定或校准工作的能力，并取得相应能力的资格证书。

b. 应根据工作的需要配备足够的检定 / 校准人员，同一项目的检定 / 校准人员不得少于 2 人。

c. 应按规定对检定 / 校准人员进行监督，这种监督一般由证书签署人员进行监督，以防止检定 / 校准人员无证上岗或超范围工作，确保这些人员是按计量法治要求和重点用能单位计量管理制度的要求进行工作。

d. 根据国家计量法律、法规的规定，对从事计量检定、校准、测试等技术性较强工作的计量专业技术人员，实行职业准入制度。例如从事计量器具检定 / 校准的技术人员，按照法律法规的要求，实行职业准入制度。

三、能源计量人员档案管理

重点用能单位应建立能源计量工作人员技术档案，保存其能力、教育、专业资格、培训、技能和经验等记录。

【要点详解】

人员技术档案是证明有关人员具备相应的知识、技能和工作实践经历的记录。建立能源计量工作人员技术档案有助于对能源计量工作人员的管理和资质控制。因此，重点用能单位应建立能源计量工作人员技术档案，尽可能做到一人一档，并设专人管理人员技术档案。人员技术档案记录应包括教育、专业资格、培训、技能、经验等内容，并保存这些证明的原件或复印件。人员通过教育、培训、技能提升等活动获得的相应技术信息应及时归档。

第四节　能源计量器具

一、能源计量器具的配备

（一）能源计量器具配备的原则

重点用能单位能源计量器具配备应满足能源分类、分级、分项计量要求。

重点用能单位应配备必要的便携式能源计量器具，以满足自检自查要求。

【要点详解】

重点用能单位的能源计量器具配备是按主要次级用能单位和主要用能设备进行的，但重点用能单位的内部管理是分级、分层次进行的，由于不同级别、不同层次的管理形式、约束条件和考核方式的不同，所以要求在能源计量器具的配备上要与重点用能单位的内部管理相匹配，要能分级别、分层次给出重点用能单位内部的能源考核数据，所以就要求能源计量器具的配备应满足能源分类、分项、分级计量的要求。

重点用能单位能源计量器具配备应满足能源分类计量要求。

1. 能源分类计量：能源分类计量是指按实际的耗能种类，如电能、机械能、热能、煤、油、气等分类单独计量，也就是说电能、机械能、热能等要分类单独计量，煤、油、气等亦要分类计量。能源分类计量是能源管理的基础，为各种能源的流转状况提供数据管理。

能源计量器具应包括：

a. 用于测量一次能源、二次能源和载能工质实物量的计量器具；

b. 用于测量一次能源、二次能源和载能工质品质的计量器具；

c. 用于测量一次能源、二次能源能量的各种测量仪器，包括间接测量能源量的计量器具；

d. 用于自检自查的便携式能源计量仪表；

e. 用于测量主要用能设备能效的能源计量仪表等。

按能源种类配备计量器具应包括：

a. 用于测量电能的计量器具，如电能表、电流互感器等。

b. 用于测量固态能源的计量器具，包括原煤、洗精煤、其他洗煤、煤制品（型煤、煤粉）、焦炭、其他焦化产品、其他燃料（煤矸石、生物质能、工业废料、城市固体垃圾）等的计量器具，如连续累计自动衡器、非连续累计自动衡器、非自动衡器。

c. 用于测量液态能源的计量器具，包括原油、成品油（汽油、煤油、柴油）、燃料油（重油、渣油）、水煤浆等的计量器具，如水表、油流量装置、计量罐等。

d. 用于测量气态能源的计量器具，包括天然气、液化石油气、煤气、炼厂干气等的计量器具，如气体流量计等。

e. 用于测量载能工质的计量器具，包括蒸汽、新水、软水、除氧水、压缩空气、鼓风、氧气、氮气、二氧化碳气、乙炔、电石等的计量器具，如蒸汽流量计、气体流量计、水流量计等。

f. 用于测量可回收利用的余能的计量器具，对于余热资源的计量，主要是对介质温度、流量和压力的测量，可采用便携式测量仪表进行测量。

重点用能单位应根据本单位主要用能的种类和耗能量合理选配合适的能源计量器具，以实现分类计量要求。

2. 能源分级计量：能源分级计量是指按能源进出用能单位、进出主要次级用能单位和主要用能设备或用能单元的耗能分别进行单独计量。重点用能单位能源计量器具配备应满足能源分级计量要求的主要目的就是要为能源的定额考核、能源监测、能耗控制、缺陷诊断提供技术上的可能性。能源分级计量是用能单位用能定额管理的一项措施，其数据能够为用能定额管理和用能分级考核提供数据。

3. 能源分项计量：能源分项计量是指按购入储存、加工转换、输运分配、生产（主要生产、辅助生产）过程、运输、采暖、照明、生活、排放、自用与外销等用能项分别单独计量。重点用能单位能源计量器具配备满足能源分项计量要求的主要目的就是对重点用能单位所消耗的能源不得重计和漏计。用能单位能源的分配与使用，应实行购入储存、加工转换、输运分配、生产（主要生产、辅助生产）过程、运输、采暖、照明、生活、排放、自用与外销等分别计量。

4. 重点用能单位能源计量器具配备的过程如下：

（1）确定耗能品种、用途和来源

确定耗能品种是实施分类计量的前提，重点用能单位要根据本单位耗能的实际现状或预期需求来确定分类计量的耗能品种。要确定各耗能品种的主要用途，如用于生产过程、用于产品原材料、生活用能、外供等。同时应确定能源的来源，如外购、自己生产等，弄清能源品种的主要用途和来源，为能源分级分项计量提供依据。

（2）评定主要次级用能单位、主要用能设备或用能单元

按国家标准、行业标准或地方标准的规定，评定各耗能品种的主要次级用能单位、主要用能设备或用能单元，使之符合标准的要求。

（3）确定分级分项计量的准确度等级

按国家标准、行业标准或地方标准的规定，确定各耗能品种进出用能单位、进出主要次级用能单位和主要用能设备或用能单元的能源计量器具准确度等级，使之符合标准的要求。

（4）制订能源计量器具配备方案

在确定分类、分级、分项计量的基础上，制订能源计量器具配备方案。配备方案包括：耗能品种、能源计量器具的用途（如用于进出用能单位、用于进出主要次级用能单位、用于主要用能设备、用于能量测试、用于自检自查等）、准确度等级、测量范围、主要生产厂家、设施和环境条件、投资费用等内容。必要时应对能源计量器具配备方案进行评审，以保证其适宜性、可操作性和经济性。

（5）按配备方案配置能源计量器具

能源计量器具配备方案经批准后，由有关部门制订能源计量器具配置计划，并按计划组织实施。

（6）能源计量器具的安装、验收

能源计量器具大多是安装在管路或线路上的，在安装或使用前，应对计量器具进

行必要的验收，包括检定／校准。安装在管路或线路上的能源计量器具应考虑定期检定／校准的问题，必要时要考虑设置拆卸旁路等措施。

（7）编制能源计量器具作业指导文件

对于较复杂的能源计量器具应编制能源计量器具操作指导性技术文件，以指导操作者正确使用能源计量器具。

（8）建立能源计量器具管理台账和档案

对于新配置的能源计量器具应按能源计量管理制度的规定，建立能源计量器具管理台账和档案，并实施管理。

重点用能单位能源实行分类、分级、分项计量是用能单位实现能源消耗定量化管理的一种能源管理方法，重点用能单位实现合理用能和节约用能的关键是全面实行能源消耗定额化管理。所以，在重点用能单位各种能源的使用环节上，合理配备能源计量器具，健全能源消耗台账，就可以得到准确的实际能源消耗数据。

5. 便携式能源计量器具是指方便拆卸的能源计量器具。在拆卸及测量过程中不影响被测介质正常状态的能源测量仪表，这类仪表多数是通过非接触测量来实现测量目的。这类仪表一般准确度较低、适用范围较广、量程较宽，主要用于重点用能单位的主要耗能设备和工艺能耗的自检自查。

配备必要的便携式能源计量器具的主要目的是重点用能单位的主要耗能设备和工艺能耗是依据相关的国家标准、行业标准或地方标准，通过计量仪表的实际检验测试获得的。由于一般的检测标准对能源计量仪表的配置要求比较高，所以重点用能单位配置必要的便携式能源检测仪表有利于降低成本，也能够满足能源利用报告制度的要求。《重点用能单位能源计量审查规范》中要求重点用能单位配置必要的便携式节能检测仪表，但没有进行具体的配置要求，这是因为用能单位规模大小差异很大，不具有普遍性。但实践表明，凡是配置了便携式节能检测仪表的用能单位，都具有一定的节能检测能力。配置便携式节能检测仪表对于提高用能单位节能监测合格率，不断提高用能单位节能管理水平是十分必要的。

（二）能源计量器具配备要求

重点用能单位能源计量器具配备应符合《用能单位能源计量器具配备和管理通则》（GB 17167—2006）要求。

有关国家标准对特殊行业的能源计量器具配备有特定要求的，应执行其规定。

【要点详解】

《用能单位能源计量器具配备和管理通则》（GB 17167—2006）是强制性国家标准。该标准对用能单位能源计量器具配备，分为强制性要求（强制性条款）和非强制性要求（推荐性条款）两方面。

按《中华人民共和国标准化法》第十四条规定，强制性标准，必须执行，推荐性标准，国家鼓励重点用能单位自愿采用。

1. 能源计量器具配备的强制性要求

《用能单位能源计量器具配备和管理通则》（GB 17167—2006）对用能单位能源计量器具配备的强制性要求为：

a. 用能单位应加装能源计量器具。

b. 用能量（产能量或输运能量）（GB 17167—2006）大于或等于《用能单位能源计量器具配备和管理通则》（GB 17167—2006）主要次级用能单位能源消耗量（或功率）限定值（见表 4-1）中一种或多种能源消耗量限定值的次级用能单位为主要次级用能单位，按照能源计量器具配备率要求加装能源计量器具。

c. 单台设备能源消耗量大于或等于《用能单位能源计量器具配备和管理通则》（GB 17167—2006）主要用能设备能源消耗量（或功率）限定值（见表 4-2）中一种或多种能源消耗量限定值的为主要用能设备，主要用能设备要按《用能单位能源计量器具配备和管理通则》（GB 17167—2006）能源计量器具配备率要求（见表 4-3）加装能源计量器具。

d. 能源计量器具配备率应符合《用能单位能源计量器具配备和管理通则》（GB 17167—2006）能源计量器具配备率要求。

e. 用能单位的能源计量器具准确度等级应满足《用能单位能源计量器具配备和管理通则》（GB 17167—2006）用能单位能源计量器具准确度等级要求（见表 4-4）。

表4–1　主要次级用能单位能源消耗量（或功率）限定值

能源种类	电力	煤炭、焦炭	原油、成品油、石油液化气	重油、渣油	煤气、天然气	蒸汽、热水	水	其他
单位	kW	t/a	t/a	t/a	m^3/a	GJ/a	t/a	GJ/a
限定值	10	100	40	80	10000	5000	5000	2926
注：1.表中a是法定计量单位中“年”的符号 2.表中m^3指在标准状态下 3.2926GJ相当于100t标准煤。其他能源应按等价热值折算								

表4–2 主要用能设备能源消耗量（或功率）限定值

能源种类	电力	煤炭、焦炭	原油、成品油、石油液化气	重油、渣油	煤气、天然气	蒸汽、热水	水	其他
单位								
限定值	100	1	0.5	1	100	7	1	29.26

注：1.对于可单独进行能源计量考核的用能单元（装置、系统、工序、工段等），如果用能单元已配备了能源计量器具，用能单元中的主要用能设备可以不再单独配备能源计量器具

2.对于集中管理同类用能设备的用能单元（锅炉房、泵房等），如果用能单元已配备了能源计量器具，用能单元中的主要用能设备可以不再单独配备能源计量器具

表4–3 能源计量器具配备率要求 单位：100%

能源种类		进出用能单位	进出主要次级用能单位	主要用能设备
电力		100	100	95
固态能源	煤炭	100	100	90
	焦炭	100	100	90
液体能源	原油	100	100	90
	成品油	100	100	95
	重油	100	100	90
	渣油	100	100	90
气态能源	天然气	100	100	90
	液化气	100	100	90
	煤气	100	90	80
载能工质	蒸汽	100	80	70
	水	100	95	80
可回收利用的余能		90	80	—

注：1.进出用能单位的季节性供暖用蒸汽（热水）可采用非直接计量载能工质流量的其他计量结算方式

2.进出主要次级用能单位的季节性供暖蒸汽（热水）可以不配备能源计量器具

3.在主要用能设备上作为辅助能源使用的电力和蒸汽、水等载能工质，其耗能量很小可以不配备能源计量器具

表4–4　用能单位能源计量器具准确度等级要求

计量器具类别	计量目标		准确度等级要求
衡器	进出用能单位燃料的静态计量		0.1
	进出用能单位燃料的动态计量		0.5
电能表	进出用能单位有功交流电能计量	Ⅰ类用户	0.5S
		Ⅱ类用户	0.5
		Ⅲ类用户	1.0
		Ⅳ类用户	2.0
		Ⅴ类用户	2.0
	进出用能单位的直流电能计量		2.0
油流量表（装置）	进出用能单位的液体能源计量		成品油0.5
			重油、渣油1.0
气体流量表（装置）	进出用能单位的气体能源计量		煤气2.0
			天然气2.0
			蒸汽2.5
水流量表（装置）	进出用能单位水量计量	管径不大于250mm	2.5
		管径大于250mm	1.5
温度仪表	用于液态、气态能源的温度计量		2.0
	用于气体、蒸汽质量计算相关的温度计量		1.0
压力仪表	用于液态、气态能源的压力计量		2.0
	用于气体、蒸汽质量计算相关的压力计量		1.0

注：1.当计量器具是由传感器（变送器）、二次仪表组成的测量装置或系统时，表中给出的准确度等级应是装置或系统的准确度等级。装置或系统未明确给出其准确度等级时，可用传感器与二次仪表的准确度等级按误差合成方法合成

2.运行中的电能计量装置按其所计量电能量的多少，将用户分为五类。Ⅰ类用户为月平均用电量500万及以上或变压器容量为10000及以上的高压计费用户；Ⅱ类用户为小于1类用户用电量（或变压器容量）但月平均用电量100万及以上或变压器容量为2000及以上的高压计费用户；Ⅲ类用户为小于Ⅱ类用户用电量（或变压器容量）但月平均用电量10万及以上或变压器容量为315及以上的计费用户；Ⅳ类用户为负荷容量为315以下的计费用户；Ⅴ类用户为单项供电的计费用户

3.用于成品油贸易结算的计量器具的准确度等级应不低于0.2

4.用于天然气贸易结算的计量器具的准确度等级应符合GB/T 18603的要求

《用能单位能源计量器具配备和管理通则》（GB 17167—2006）要求用能单位对能源进出用能单位应加装能源计量器具。其原因为：

a. 加装能源计量器具是对用能单位的最基本要求；

b. 能源进出用能单位是衡量用能单位实际综合能耗的最重要的指标，也是政府节能监管的重点；

c. 加装能源计量器具是用能单位能源管理的基础；

d. 只有用能单位加装了符合要求的能源计量器具才能做到“数据源于计量，管理依靠数据”；

e. 根除一些用能单位实行“包费制”的顽疾。

《用能单位能源计量器具配备和管理通则》（GB 17167—2006）要求用能单位对用能量（产能量或输运能量）大于或等于主要次级用能单位能源消耗量（或功率）限定值中一种或多种能源消耗量限定值的主要次级用能单位的能源进出应加装能源计量器具，是为了满足能源分级分项考核的计量要求，强化次级用能单位的能源计量管理是加强能源计量管理的重要环节，它对能源定额管理指标的分解、增强用能单位管理者和职工的节能意识起着至关重要的作用。

《用能单位能源计量器具配备和管理通则》（GB 17167—2006）主要次级用能单位能源消耗量（或功率）限定值对主要次级用能单位以限定值来确定，主要有以下几个因素：

a. 通用性。《用能单位能源计量器具配备和管理通则》（GB 17167—2006）主要次级用能单位能源消耗量（或功率）限定值中的耗能单位没有统一采用能量单位，而是根据人们的习惯，对不同的载能工质分别采取了质量、体积（容积）、能量等的法定计量单位，特别是电力选取了功率单位。

b. 易行性。对于计量技术成熟、计量成本较低、实现容易的能源介质，如电力、水、燃气等，门槛设的较高些；而对于计量成本较高的能源介质，如固体燃料，门槛设的稍低些。

c. 等值性。在制定限定值额度时尽可能地考虑到各种能源种类的价值和预期价值，价值高的要求严一些，价值低的要求低一些。各类能源限定值额度的价值应尽可能地在统一的价格等因素之下保持一致。

d. 实用性。《用能单位能源计量器具配备和管理通则》（GB 17167—2006）主要次级用能单位能源消耗量（或功率）限定值中列举了普遍性的能源种类，适用于绝大多数用能单位能源计量的要求。

e. 广泛性。《用能单位能源计量器具配备和管理通则》（GB 17167—2006）主要次级用能单位能源消耗量（或功率）限定值中虽只列举了有限的能源种类，但考虑到用能单位的需要，把非常规能源列入“其他”项。在实际使用过程中，用能单位要将“其他”还原成相应的能源种类与100（2926）相等价的计量单位。特别指出的是，这里的“其他”是指其他某一类能源，而非其他各类能源的总和。

《用能单位能源计量器具配备和管理通则》（GB 17167—2006）要求用能单位对主要用能设备应按《用能单位能源计量器具配备和管理通则》（GB 17167—2006）能

源计量器具配备率要求加装能源计量器具，主要考虑了以下因素：

a. 能源的转换和利用主要是通过用能设备来实现的，所以准确地计量用能设备的能源利用量是能源计量的关键，但用能设备的范围很大，全部纳入强制管理范畴不切实际，也没有必要，因此，仅对耗能量超过一定限额的用能设备提出了加装能源计量器具的要求，并定义该种用能设备为主要用能设备。

b. 主要用能设备的用能量单独或与其他用能系统一起都已经过用能单位或次级用能单位计量。

c. 主要用能设备一般在大中型企业使用，这些企业能源计量相对规范。

d. 主要用能设备在大型企业内使用数量很多，如果限定值过低，将极大地增加企业的管理成本。

需要说明的是，《用能单位能源计量器具配备和管理通则》（GB 17167—2006）中规定："对于可单独进行能源计量考核的用能单元（装置、系统、工序、工段等），如果用能单元已配备了能源计量器具，则用能单元中的主要用能设备可以不再单独配备能源计量器具。"也也就是说，有许多大型设备同时存在同一个用能单元中，要对它们逐一安装能源计量器具，成本太大，可以采用单元"群测"的方式。例如，某大型企业在一条生产线上有上百台大于100的电机，考虑到一个生产系统上的电机的一致性和供电电源的统一性，对这种情况可采取系统统一"群测"的方式。

《用能单位能源计量器具配备和管理通则》（GB 17167—2006）中规定："对于集中管理同类用能设备的用能单元（锅炉房、泵房等），如果用能单元已配备了能源计量器具，用能单元中的主要用能设备可以不再单独配备能源计量器具。"这是考虑到企业对用能系统的管理方式千差万别，有按"供能—用能—产出"型管理的，也有按"供能块、用能块、产出块"型管理的，如锅炉房就是一个典型的供能块。《用能单位能源计量器具配备和管理通则》（GB 17167—2006）中规定，用能单位的能源计量器具准确度等级应不低于其对用能单位能源计量器具准确度等级要求，当计量器具是由传感器（变送器）、二次仪表组成的测量装置或系统时，用能单位能源计量器具准确度等级要求给出的准确度等级应是装置或系统的准确度等级（装置或系统未明确给出其准确度等级时，可用传感器与二次仪表的准确度按误差合成方法合成）。虽然这一条款是强制性条款，但需要注意的是，《用能单位能源计量器具配备和管理通则》（GB 17167—2006）用能单位能源计量器具准确度等级要求中仪表的准确度等级要求对于用能单位是强制性的，而对于主要次级用能单位和主要用能设备是推荐性的。《用能单位能源计量器具配备和管理通则》（GB 17167—2006）特别强调了对进出用能单位、进出主要次级用能单位、主要用能设备能源计量器具配备率的要求是《用能单位能源计量器具配备和管理通则》（GB 17167—2006）的核心内容。

实践表明，对用能单位能源计量器具的配备率实行分级管理的要求，即对进出用能单位、次级用能单位、重点用能设备按级管理的要求，是一种科学的、行之有效的办法，因此《用能单位能源计量器具配备和管理通则》（GB 17167—2006）对此仍予以采用。

“进出用能单位的季节性供暖用蒸汽（热水）可采用非直接计量载能工质流量的其他计量结算方式”。这样规定的意义在于多数进出用能单位的季节性供暖用蒸汽（热水）的计量方式仍大范围采用的是根据供暖面积的方式来核算供暖费用。

“进出主要次级用能单位的季节性供暖用蒸汽（热水）可以不配备能源计量器具。”主要考虑供暖计量比较复杂，对于次级用能单位适当降低了要求。

“在主要用能设备上作为辅助能源使用的电力和蒸汽、水、压缩空气等载能工质，其耗能量很小（低于 GB 17167《用能单位能源计量器具配备和管理通则》的要求）可以不配备能源计量器具。”考虑到可行性，在主要用能设备上作为辅助能源使用的电力、蒸汽、水、压缩空气等耗能工质由于在进出用能单位（或主要次级用能单位）时已经进行了计量，且不作为用能设备的主体耗能，因此不要求必须加装能源计量器具。

2. 能源计量器具配备的非强制性要求

《用能单位能源计量器具配备和管理通则》（GB 17167—2006）中，对用能单位能源计量器具配备的非强制性要求为：

a. 重点用能单位要配备必要的便携式能源检测仪表，以满足自检自查的要求。

b. 对从事能源加工、转换、输运性质的用能单位（如火电厂、输变电企业等），其所配备的能源计量器具应满足评价其能源加工、转换、输运效率的要求。

c. 对从事能源生产的用能单位（如采煤、采油企业等），其所配备的能源计量器具应满足评价其单位产品能源自耗率的要求。

d. 主要次用能单位所配能计量的准确度等级（电能表除外），电能表可比《用能单位能源计量器具配备和管理通则》（GB 17167—2006）用能单位能源计量器具准确度等级要求的同类用户降低一个档次的要求。

e. 主要用能设备所配备能源计量器具的准确度等级（电能表除外），电能表可比《用能单位能源计量器具配备和管理通则》（GB 17167—2006）用能单位能源计量器具准确度等级要求的同类用户低一个档次的要求。

f. 能源作为生产原料使用时，其计量器具的准确度等级应满足相应的生产工艺要求。

g. 能源计量器具的性能应满足相应的生产工艺及使用环境（如温度、温度变化率、湿度、照明、振动、噪声、粉尘、腐蚀、电磁干扰等）要求。

《用能单位能源计量器具配备和管理通则》（GB 17167—2006）认为，对于从事能源加工、转换、输运性质的用能单位（如火电厂、输变电企业等），其能源加工、转换、输运效率反映了对能源的利用情况，需进行严格的管理，并需要配备相应的能源计量器具来测量与能源加工、转换、输运效率相关联的参数。

《用能单位能源计量器具配备和管理通则》（GB 17167—2006）认为，对从事能源生产的用能单位（如采煤、采油企业等），因为其能源自耗率是反映其能源生产成本的重要参数，所以要配备相应的能源计量器具来测量能源自耗量，进行能源自耗率计算。

《用能单位能源计量器具配备和管理通则》（GB 17167—2006）认为，对从事能源加工、转换、输运性质的用能单位和从事能源生产的用能单位等具有特殊性质的用能单位提出了较高的要求，是考虑到这些用能单位管理工作的好坏对全社会用能效率的提高有着较大的影响，加之这些用能单位本身技术含量高、设备较先进，因此应该满足这样的配备要求。

《用能单位能源计量器具配备和管理通则》对于主要次级用能单位和主要用能设备能源计量器具的配置是强制性的，而所配置仪器的准确度等级的要求被弱化了，是推荐性的，并将电能表的性能指标降低了一个档次的要求。主要是出于以下几个方面的考虑:

a. 主要次级用能单位的能源计量器具的配置和管理主要是用能单位的内部管理行为，但由于能源是一种社会公共资源，它大多数是不可再生的，完全用经济杠杆来调节不能达到平衡全社会要求、有效节约资源的目的，因此对能源计量仪表的配置是强制性的。

b. 能源计量器具的准确度等级是能源计量器具的基本属性，也是决定其价格高低的主要因素。如果强制企业内部安装精度等级优的仪表，显然会增加企业生产成本，但过多干涉企业的内部管理。能源计量仪表的配置和管理也是一个循序渐进的过程，所以对用能单位的要求也需要一个逐步改进的过程。

c. 用能单位内部对能源计量器具的配置要求是多方面的，除用于能量考核外，有的用能单位还将其作为过程控制的重要方式，这种情况下对能源计量仪表的要求往往高于《用能单位能源计量器具配备和管理通则》（GB 17167—2006）用能单位能源计量器具准确度等级要求。

d. 用能单位内部对主要次级用能单位配置的能源计量器具主要是用于内部的定额管理，督促下属单位挖潜革新，节约能源。从这个意义上来讲，能源计量器具的比较属性的意义要大于其绝对准确属性。

e. 电能表的准确度等级要求是参照电力部门现行贸易结算仪表的准确度等级要求制定的，如果仅将其用于内部管理仪表，那么其准确度等级应适当降低要求。

《用能单位能源计量器具配备和管理通则》（GB 17167—2006）认为，当用能单位将能源作为生产原料使用时，其能源计量器具的准确度应满足相应的生产工艺要求。

在化工、建材等行业中，能源有时是作为生产原料使用的，由于生产工艺的要求，对其计量准确度要求比《用能单位能源计量器具配备和管理通则》（GB 17167—2006）中用能单位能源计量器具准确度等级要求中的要求高。在这种情况下，能源计量器具的准确度等级及其他计量性能都必须与用能单位生产工艺的要求相适应。

《用能单位能源计量器具配备和管理通则》（GB 17167—2006）认为，能源计量器具的性能应满足相应的生产工艺及使用环境（如温度、温度变化率、湿度、照明、振动、噪声、粉尘、腐蚀、电磁干扰等）要求。由于能源计量多数是生产工艺流程现场环境条件下的在线测量，但无论是在线测量还是便携计量器具的离线测量，计量器具的计量性能必须与所处的测试环境相适应，特别是应与测量所处的环境温度（高温、低温）、湿度、振动、冲击、噪声、电磁干扰等相适应。

能源计量器具在某些现场测量环境中应具有防过载、断相保护的能力和防水、防尘的保护能力以及防火、防爆的安全保护能力。如果出现异常情况，影响能源计量器具的计量性能，应及时维修、重新检定或校准，符合要求后才能重新投入使用，否则必须停用或做报废处理。

需要说明的是，《用能单位能源计量器具配备和管理通则》对能源计量器具配备的非强制性要求是对一般用能单位而言的，而对重点用能单位来说，能源计量管理的水平应该比非重点用能单位要高，因此《重点用能单位能源计量审查规范》将这些非强制性要求也纳入了重点用能单位能源计量器具配备要求，以促进重点用能单位提高能源计量管理的水平。

对部分重点用能单位由于其行业特点，在用能上区别较大，尤其在主要次级用能单位以及重点用能设备认定的指标上，与《用能单位能源计量器具配备和管理通则》（GB 17167—2006）的要求有较大的差距，例如钢铁、冶金、建材等行业。因此，国家根据其行业的用能特点，分别出台了对特殊行业的能源计量器具配备有特定要求的国家推荐性标准，以适应行业发展的要求。

出台的分行业的能源计量器具配备和管理的具体要求包括：

《石油石化行业能源计量器具配备和管理要求》（GB/T 20901—2007）；

《有色金属冶炼企业能源计量器具配备和管理要求》（GB/T 20902—2007）；

《化工企业能源计量器具配备和管理要求》（GB/T 21367—2008）；

《钢铁企业能源计量器具配备和管理要求》（GB/T 21368—2008）；

《火力发电企业能源计量器具配备和管理要求》（GB/T 21369—2008）；

《建筑材料行业能源计量器具配备和管理要求》（GB/T 24851—2010）等。

虽然上述标准是推荐性国家标准，但是对重点用能单位来讲，在能源计量器具配备上，除《用能单位能源计量器具配备和管理通则》（GB 17167—2006）的强制性要求必须执行外，行业的能源计量器具配备和管理的具体要求也要积极采用。

（三）能源计量器具理论需要量确认

重点用能单位应按照一次能源、二次能源和载能工质等能源的种类，确定能源流向和计量采集点，形成能源流向图和能源计量采集点网络图。

设置的能源计量采集点应覆盖重点用能单位能源分类、分级、分项计量的需求。

重点用能单位应根据能源计量采集点确认需配备的能源计量器具种类、数量、准确度等级，并按要求形成文件。

重点用能单位应定期对能源流向图、能源计量采集点和能源计量器具需要量进行评审，以符合实际状况。

【要点详解】

1. 能源计量器具的配备率是能源计量器具实际的安装配备数量占理论需要量的百分数。以前也被定义为实际装备计量器具数量占应当安装计量器具数量的百分数。

按《用能单位能源计量器具配备和管理通则》（GB 17167）规定，能源计量器具配备率按下式（4-1）计算：

$$R_p = N_s / N_1 \times 100\% \tag{4-1}$$

式中，R_p——能源计量器具配备率，%；

N_s——能源计量器具实际的安装配备数量；

N_1——能源计量器具理论需要量。

用能单位能源计量器具的配备率是指用能单位实际配备的能源计量器具台（件）数与用能单位能源计量率为百分之百时需要配置的能源计量器具台（件）数之比，用百分数表示。

2. 能源计量率：

$$Q_p = M_s / M_1 \times 100\% \tag{4-2}$$

式中，Q_p——能源计量率，%；

M_s——实际配备的能源计量器具计量的能源量；

M_1——能源消耗总量。

能源计量率是指对约定的计量对象，经过计量的某种能源数量占同类能源总量的百分数。《重点用能单位能源计量审查规范》对重点用能单位的能源计量率未做要求，因为用能单位的实际用能量是变化的，所以对用能单位的能源计量率进行考核是有难度的。虽不对重点用能单位的能源计量率做要求，并不等于说单位的能源计量率不重要，而是通过确定主要次级用能单位、主要耗能设备的能源计量器具配备率可间接体现重点用能单位的能源计量率，从我们对能源计量多年的实践经验来看，凡是符合《重点用能单位能源计量审查规范》对主要次级用能单位、重点耗能设备能源计量器具配备率要求重点用能单位，其能源计量率一般都会在 96% 以上。

3. 对于能源计量器具实际配备量的确定，涉及能源计量器具配备率的计算。在以前的企业计量定升级考核时，除能源计量器具配备率外，还提出过能源计量器具合格使用率，《重点用能单位能源计量审查规范》把两者合二为一，但在能源计量器具实际配备量确定的同时，将未检定 / 校准、未使用、检定不合格的计量器具定义为未配备，不能计算在已配备计量器具数量内。

对能源计量器具理论配备量的确定，是《重点用能单位能源计量审查规范》重点规范的内容之一，它对重点用能单位能源计量器具配备率的确定非常重要，其直接影响重点用能单位能源计量审查工作的成效。理论配备量确认的前提是重点用能单位在能源计量满足分类、分级、分项的要求下，根据能源的种类确定能源流向和计量采集点，形成能源流向图和能源计量采集点网络图。

4. 能源流向图和能源计量采集点网络图是重点用能单位能源计量管理的指导性技术文件，编制完成后要经过审核和批准，确保其正确有效。

能源流向图应表明各种能源的实际流向，并反映能源分级、分项用能的情况。下面为 ×××× 重点用能单位能源流向图（图 4-3）。

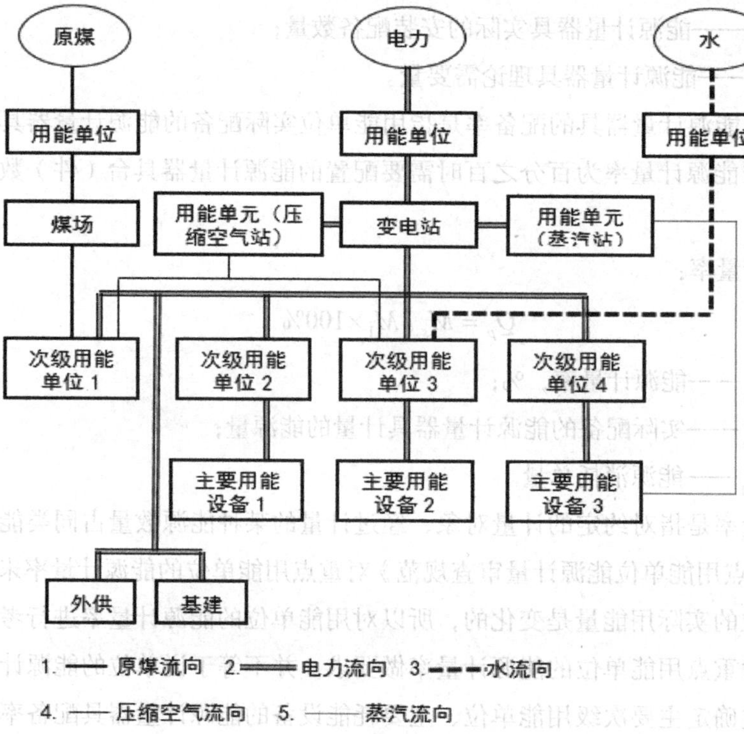

图4–3 ××××重点用能单位能源流向图

能源流向图就是将用能单位的各种能源的实际流向用网络图的形式表示出来，让人一目了然。能源流向图是用能单位能源购入、分配、加工转换、消耗等能源物质流转的过程，能源购入、分配、加工转换、消耗等环节既是能源管理的节点，又是能源计量采集的节点，更是能源计量器具配备的节点。

能源流向图可以将用能单位各种耗能种类用一张图综合反映出来，也可以按一种能源进行制图单独反映出来。重点用能单位可以按实际情况具体确定，图形的形式也可以有所差异，不强求一致，但要清晰地反映能源流向及反映能源分级、分项用能的具体情况。

能源计量采集点网络图应表明各种能源的计量器具配备的各节点（分级分项点）和各种能源计量采集点，通常计量器具配备点就是能源计量采集点。网络图应附加文字说明，以表明配备的能源计量器具种类、名称、型号规格、准确度等级、量值溯源期限等信息。通常情况下，以能源的种类为对象分别绘制能源流向图和能源计量采集点网络图更为直观、清晰、有用。

能源计量采集点网络图是组合了能源流向和能源计量点的网络图。能源计量采集点网络图由图形与表格两部分组成。图形绘制能源计量器具、测量对象、能源流向、层级及外部输入（或内部输出）与用能单位的分界；表格包括能源计量点及对应计量器具的有关信息。能源计量采集点网络图的编制要符合企业实际情况，并根据企业计量器具实际使用情况的变化及时更新。

能源计量采集点网络图绘制原则：

a. 不同能源种类的能源计量采集点网络图应分别绘制。涉及能源转换的，应在相应图中采用续图的形式进行标注。

b. 能源计量采集点网络图应清晰反映用能单位各种能源的流向。

c. 同一层级能源计量器具应画在同一水平位置。

d. 能源计量采集点网络图至少应覆盖主要次级用能单位及主要用能设备。

能源计量采集点网络图的绘制方法：

a. 能源计量采集点网络图图形按用能单位的能源系统从上到下或自左向右划分为进出用能单位、次级用能单位和用能设备三个层级，每个层级包括一个或多个能源计量点，各层级间用能源流向线连接。

●用矩形框表示能源计量点的测量对象，框内用于标注测量对象信息。

●用圆表示能源计量器具，并将圆均匀分成上下两部分，上半部分用于标注能源计量器具代号，下半部分用于标注能源计量器具实际的准确度等级。

能源计量器具代号包括能源类别的代号、层级与序号。能源类别的代号可用单个大写字母表示，每个不同的字母对应一种能源，常见的能源类别代号见表 4-5，其他可由企业自行确定。

表4–5 常见的能源类别代号

能源类别	代号
电力	D
煤炭	M
天然气	T
蒸汽	Z
水	S
油	Y

●用单向箭头表示能源流向。

●用点划线表示能源计量层级的区分线。

●用双实线段表示外部输入与用能单位的界线，双虚线段表示内部输出与用能单位的界线，线段上侧或左侧用于标注外部供能或能源输出单位信息。

●已安装的能源计量器具应用实线表示，未安装的能源计量器具及配备不规范的能源计量器具应用虚线表示。配备不规范的能源计量器具是指实际的准确度等级未达到规定要求的能源计量器具。

图 4-4 为能源计量采集点网络图使用的符号。

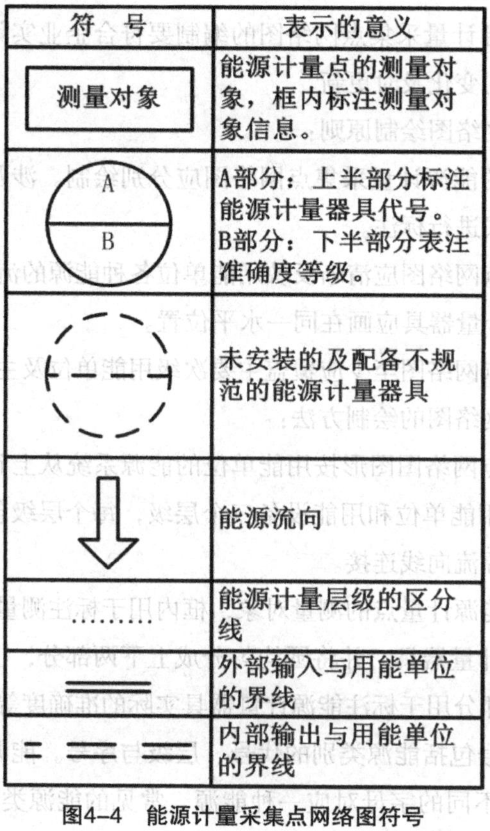
符 号
表示的意义
测量对象
能源计量点的测量对象，框内标注测量对象信息。
A
B
A部分：上半部分标注能源计量器具代号。
B部分：下半部分表注准确度等级。
未安装的及配备不规范的能源计量器具
能源流向
能源计量层级的区分线
外部输入与用能单位的界线
内部输出与用能单位的界线

图4–4 能源计量采集点网络图符号

b. 能源计量采集点网络图图形中，输入能源流向应从上到下或自左向右；输出能源流向由次级用能单位或用能设备层级流向进出用能单位层级；次级用能单位和用能设备层级中，循环利用的能源按照实际流向画出。

c. 能源计量采集点网络图图形中，若同类能源计量点较多，无法在同一幅面的网络图上表达时，应采用续图的形式进行绘制。

d. 根据能源计量采集点网络图图形中能源计量点及对应的计量器具，列出能源计量采集点网络图表格。

e. 当同一测量对象安装多台同类能源的计量器具时，应在表格中做唯一性标注。

能源计量采集点网络图应标注下列信息：

●能源计量采集点网络图名称，内容包括企业名称和能源类别，标注在图的上方或下方。

●在各层级的左侧分别标注“进出用能单”“次级用能单位”“主要用能设备（用能单元）”字样。

●测量对象信息，如次级用能单位名称或主要用能设备（用能单元）名称。

●能源计量器具信息，内容包括能源计量器具代号和实际的准确度等级。

注：未安装的能源计量器具不标注准确度等级。

●外部供能或能源输出单位信息，如单位全称或代号。

●表格信息，内容包括能源计量器具代号、名称、型号规格、管理编号、安装使用地点和测量对象信息。

●编制、审核、批准、日期信息。

当能源计量器具的实际配备与网络图发生变化时，要按文件控制的要求对网络图进行更改，确保其有效性。

5. 能源计量器具理论配备量的确认。重点用能单位设置能源计量采集点时应综合分析各耗能品种的实际耗能量，全面、正确、合理地确定能源分类、分级、分项计量的实际需求。对主要耗能品种必须实行分类、分级、分项计量。对年耗能量未超过年综合能耗千分之一的品种可忽略不计。在此基础上，按覆盖重点用能单位能源分类、分级、分项计量的需求，设置能源计量采集点，配备相应的能源计量器具。

重点用能单位在能源计量采集点设置完成任务后，要针对各类能源的各个采集点进行确认，确认内容至少包括以下几个方面：

a. 用于进出能源计量、主要次级用能单位、重点用能设备，还包括余能、热回收利用等；

b. 所用应配能源计量器具种类、数量；

c. 所用应配能源计量器具的准确度等级；

d. 所用应配能源计量器具的量传或溯源关系。

对能源计量采集点需要配备的能源计量器具确认完成后，按重点用能单位实际配备的能源计量器具，参照《重点用能单位能源计量审查规范》的格式要求编制相关的能源计量管理用表 / 图并形成文件。管理用表包括：

a.《主要用能设备一览表》（表 4-6）：

表4–6　主要用能设备一览表

序号	所属部门	设备名称	设备编号	型号规格	安装地点	用能种类	能源消耗量或功率	备注

4-6 表用于主要用能设备能源计量器具的配备，列入表 4-6 的用能设备需配备能源计量器具。填入表中的主要用能设备应符合《用能单位能源计量器具配备和管理通则》（GB 17167）或相关行业的国家标准或有关技术规范的规定。如果采用相关行业的国家标准或有关技术规范的要在“备注”栏中注明其文件名称和代号。

“安装地点”栏目中，“地点”是指该设备的实际安装或使用的地点，如某车间、生产线等区域。

“用能种类”栏目中，填写该设备作为主要用能设备的能源种类名称。如某设备的耗能有电能和蒸汽，只有耗电量达到能源消耗量限额，则填写电能；若电能和蒸汽的消耗均达到能源消耗量限额的，则应填写电能和蒸汽。

“能源消耗量或功率”栏目中，按《用能单位能源计量器具配备和管理通则》（GB 17167）或相关行业的国家标准或有关技术规范的能源消耗量限额所指的消耗量或功率填写。如电能按功率填写、煤炭按单位时间的能源消耗量填写。

b.《能源计量器具一览表》（表 4-7）：

表4–7　源计量器具一览表

序号	计量器具名称	型号规格	准确度等级	测量范围	生产厂家	出厂编号	用能单位管理编号	安装使用地点及用途	检定周期/校准间隔	状态(合格/准用/停用)

表 4-7 是重点用能单位实际配备的所有能源计量器具的一览表，表中列出了计量器具名称、型号规格、准确度等级、测量范围、生产厂家、出厂编号、用能单位管理编号、安装使用地点（某车间、生产线、某主要用能设备）及用途（能源计量、自检自查、能量分析）、检定周期 / 校准间隔和状态（合格 / 准用 / 停用）等项目。

c.《进出用能单位能源计量器具一览表分表》（表 4-8）：

表4–8 进出用能单位能源计量器具一览表分表

序号	计量器具名称	型号规格	准确度等级	测量范围	生产厂家	出厂编号	用能单位管理编号	安装使用地点	检定周期/校准间隔	状态(合格/准用/停用)

表 4-8 是重点用能单位能源计量器具配备一览表的分表，是属于能源分级计量的统计用表，用于能源进出用能单位（一级）的能源计量器具的统计，表中列出了计量器具名称、型号规格、准确度等级、测量范围、生产厂家、出厂编号、用能单位管理编号、安装使用地点、检定周期 / 校准间隔和状态（合格 / 准用 / 停用）等项目。

d.《进出主要次级用能单位能源计量器具一览表分表》（表 4-9）：

表4–9 进出主要次级用能单位能源计量器具一览表分表

序号	计量器具名称	型号规格	准确度等级	测量范围	生产厂家	出厂编号	用能单位管理编号	安装使用地点	检定周期/校准间隔	状态(合格/准用/停用)

表 4-9 是重点用能单位能源计量器具配备一览表的分表，是属于能源分级计量的统计用表，用于能源进出主要次级用能单位（二级）的能源计量器具的统计，表中列出了计量器具名称、型号规格、准确度等级、测量范围、生产厂家、出厂编号、用能单位管理编号、安装使用地点、检定周期 / 校准间隔和状态（合格 / 准用 / 停用）等项目。

e.《主要用能设备能源计量器具一览表分表》（表 4-10）：

表4–10 主要用能设备能源计量器具一览表分表

序号	计量器具名称	型号规格	准确度等级	测量范围	生产厂家	出厂编号	用能单位管理编号	安装使用地点	状态(合格/准用/停用)

表 4-10 是重点用能单位能源计量器具配备一览表的分表，是属于能源分级计量的统计用表，用于主要用能设备或用能单元（三级）的能源计量器具的统计，表中列出了计量器具名称、型号规格、准确度等级、测量范围、生产厂家、出厂编号、用能单位管理编号、安装使用地点、状态（合格 / 准用 / 停用）等项目。

f.《其他能源计量器具一览表分表》（表 4-11）：

表4-11 其他能源计量器具一览表分表

序号	计量器具名称	型号规格	准确度等级	测量范围	生产厂家	出厂编号	用能单位管理编号	安装使用地点及用途	检定周期/校准间隔	状态(合格/准用/停用)

注：其他能源计量器具包括用于能源计量器具检定 / 校准的标准器、可回收利用余能及自检自查的便携式能源计量器具、能源能量分析用计量器具等。

表 4-11 是重点用能单位能源计量器具配备一览表的分表，是属于能源分项计量的能源计量器具统计用表，用于分项计量的能源计量器具的统计，表中列出了计量器具名称、型号规格、准确度等级、测量范围、生产厂家、出厂编号、用能单位管理编号、安装使用地点及用途、检定周期 / 校准间隔和状态（合格 / 准用 / 停用）等项目。

“准确度等级”栏目是按该计量器具有效的检定或校准证书给出的准确度等级编制。

g.《能源计量器具配备情况统计汇总表》（表 4-12）：

表4-12 能源计量器具配备情况统计汇总表（一）

分级、分项	级或项的名称	配备的计量器具类别及数量（台）							
		衡器		电能表		油流量表（装置）			
		应配数量	实配数量	应配数量	实配数量	应配数量	实配数量	应配数量	实配数量
进出用能单位									
进出主要次级用能单位	1								
	2								
	合计								
主要用能设备	1								
	2								
	合计								
其他项目	可回收利用余能								
合计									

注：其他项目包括可回收利用余能、能源计量标准、自检自查、能源能量分析等项目。

能源计量器具配备情况统计汇总表（二）

能源种类及能源名称	能源计量分级、分项											
	进出用能单位			进出主要次级用能单位			主要用能设备			其他项目		
	应配数量（台）	实配数量（台）	实际配备率（%）	应配数量（台）	实配数量（台）	实际配备率（%）	应配数量（台）	实配数量（台）	实际配备率（%）	应配数量（台）	实配数量（台）	实际配备率（%）
合计												

注：其他项目包括可回收利用余能、能源计量标准、自检自查、能源能量分析等项目。

该汇总表是重点用能单位对能源计量器具的配备率进行统计和汇总的表格。

表4-12中列出了级或项的名称，并按计量器具的种类统计和汇总各类计量器具的应配数量（台）、实配数量（台）等。

表中列出了级或项的名称，并依据表中各类计量器具的统计汇总结果，按能源的种类统计和汇总各种能源的计量器具应配数量（台）、实配数量（台）和实际配备率（%）。

表中“级或项的名称”栏目中的“级”为分级计量的级，表中列出了进出用能单位、进出主要次级用能单位和主要用能设备三个层次，编制时填写各级的实际名称。属于用能单位层次的则填写用能单位的名称或以“本单位”简称；属于主要次级用能单位层次的则填写主要次级用能单位的名称或简称，如某车间等；属于主要用能设备层次的则填写主要用能设备或用能单元的名称或简称，如炼钢电炉、某生产线、压缩空气站房等。“级或项的名称”栏目中的“项”为分项计量的项，编制时填写各项的实际名称。当分项计量无配备率要求时，可不计算配备率。

表中的“应配数量”是指能源计量器具配备率公式中的理论需要量。

“实配数量”是指能源计量器具配备率公式中的实际的安装配备数量。填写该栏目时的数量要与能源计量器具一览表或相应的一览表分表一致。

h.《能源计量器具准确度等级统计汇总表》（表 4-13）：

表4-13 能源计量器具准确度等级统计汇总表

计量器具类别	计量目的准确度等级要求		进出用能单位		进出主要次级用能单位		主要用能设备		其他
			实际准确度等级	准确度等级要求	实际准确度等级	准确度等级要求	实际准确度等级	准确度等级要求	实际准确度等级
衡器	燃料的静态计量								
	燃料的动态计量								
电能表	有功交流电能计量	Ⅰ类用户							
		Ⅱ类用户							
		Ⅲ类用户							
		Ⅳ类用户							
		Ⅴ类用户							
	直流电能计量								
油流量表(装置)	液体能源计量								
气体流量表(装置)	气体能源计量								
水流量表(装置)	水流量计量	管径不大于250mm							
		管径大于250mm							
温度仪表	用于液态、气态能源的温度计量								
	与气体、蒸汽质量计算相关的温度计量								
压力仪表	用于液态、气态能源的压力计量								
	与气体、蒸汽质量计算相关的压力计量								

表 4-13 是重点用能单位对配备的能源计量器具准确度等级进行统计和汇总的表格，表中列出了能源种类及名称、计量器具类别以及进出用能单位、进出主要次级用能单位和主要用能设备三个层次的准确度等级要求、实际准确度等级等栏目。编制该表时是以每一种能源为对象单独编制用表，如以电力单独编制用表。

“实际准确度等级”栏目中，实际准确度等级按该计量器具有效的检定或校准证书给出的准确度等级编制。

"准确度等级要求"栏目中，准确度等级要求按相应的国家标准或技术规范规定填写，如《用能单位能源计量器具配备和管理通则》（GB 17167）等。

i.《能源流向图》（见图 4-3）。

j.《能源计量器具配备及计量采集点网络图》（见图 4-5）等。

6."能源计量器具理论需要量"的评审。用能单位能源计量器具配备率关键在于理论需要量的准确与否，且理论需要量是动态的，是随着重点用能单位用能结构的调整、用能方式等情况的变化而变动的。

因此，需要对能源计量器具理论需要量进行必要的定期评审，以保证理论需要量的准确性。能源计量器具理论需要量的确认是计算能源计量器具配备率准确与否的基础，重点用能单位应按能源实际流向，能源分类、分级、分项计量的实际需求来确定，并定期进行评审和确认，使之符合实际现状。

对能源计量器具理论需要量确认的依据是国家标准、行业标准和地方标准中有关能源分类、分级、分项计量的规定，即要对进出用能单位、进出主要次级用能单位和主要用能设备能源计量器具理论需要量进行确认，又要组织专业人员通过技术评审来确定能源计量器具理论需要量。技术评审应由掌握能源计量管理知识的专业人员进行。要通过能源计量器具配备的现场调查，摸清实际配备情况，对照确认依据，做出客观的评价。最终要形成评审报告，其评审结果应提出能源分类、分级、分项计量的理论需要数量，即应当配备的能源计量器具数量。

二、能源计量器具管理

（一）制度化管理

重点用能单位应对能源计量器具配备、申购、验收、保管、使用、检定／校准、维护和报废处理等环节形成制度并实施有效管理，确保能源计量器具配备满足能源计量数据采集需要和在用能源计量器具的量值准确可靠。

【要点详解】

重点用能单位应按《重点用能单位能源计量审查规范》的规定，建立和完善能源计量器具管理制度，并按制度的规定对能源计量器具各环节进行有效管理，确保能源计量器具配备满足能源计量数据采集需要和在用能源计量器具的量值准确可靠。

1. 能源计量器具配备的管理，要以满足能源计量器具的配备要求为目标，包括满足能源分类、分级、分项计量要求，能源计量器具的配备率要求，能源计量器具准确度等级要求等。

2. 能源计量器具申购的管理，要以采购符合能源计量数据采集实际需要的能源计量器具为目标，在申购前要对采购合同进行必要的技术评审，以保证购置的能源计量器具符合实际需要。

3. 能源计量器具验收的管理，要以确保能源计量器具的性能满足申购要求为目标，能源计量器具采购入库前应对能源计量器具的性能进行必要的验收，一般情况下可通过检 / 校准的方式来进行验收。

4. 能源计量器具保管的管理，包括存储和使用中的保管，要以保证能源计量器具的性能非正常失效为目标，针对能源计量器具的性能特点，从储存环境条件、安全保管措施等方面做出规定。

5. 能源计量器具检定 / 校准的管理，要以确保能源计量器具的量值准确可靠为目标，包括能源计量器具量值溯源方式、检定 / 校准计划和实施、能源计量器具检定 / 校准后的确认等方面做出规定，确保能源计量器具在使用前进行检定 / 校准，使用中处于有效的检定 / 校准状态。

6. 能源计量器具使用的管理，要以能源计量器具在受控条件下使用，或在已知的范围内使用为目标，能源计量器具在使用中应具有相应的标识，防止能源计量器具的错用、误用、损害以及计量特性发生变化。

7. 能源计量器具维护的管理，要以确保能源计量器具的性能符合规定要求为目标，维护要由具有能力的人员负责，维修后要进行验收，符合要求后方能投入使用。

8. 能源计量器具报废处理的管理，要以确保不符合要求的能源计量器具不流入工作现场为目标，对于不符合要求的能源计量器具要隔离存放，防止错用、误用。

另外，重点用能单位要按照能源计量器具管理制度的规定，对能源计量器具实施有效管理，并保存相关的管理记录，如能源计量器具定期检查记录等。

（二）台账管理

重点用能单位应建立能源计量器具台账或完整的能源计量器具一览表。台账或一览表中应列出计量器具名称、型号规格、准确度等级、测量范围、生产厂家、出厂编号、用能单位管理编号、安装使用地点、检定周期 / 校准间隔、检定 / 校准状态。

主要次级用能单位和主要用能设备应有独立的能源计量器具台账或一览表分表。

【要点详解】

能源计量器具台账或一览表是能源计量器具管理的基础之一，也是能源计量器具总体管理状况的记录。因此，《重点用能单位能源计量审查规范》要求重点用能单位要建立能源计量器具台账或完整的能源计量器具一览表。

能源计量器具台账或一览表不同于用能单位设备台账，用能单位设备台账只能反映设备作为用能单位固定资产的一部分，是用能单位对固定资产实施管理的记录，而能源计量器具台账或一览表是反映用能单位能源计量器具管理状况、安装使用地点、性能特征及适用范围、是否在有效期内等记录。能源计量器具台账或一览表的科学编制、随时完善、健全管理反映了用能单位能源计量器具的管理水平。

《重点用能单位能源计量审查规范》要求重点用能单位能源计量器具台账或一览表的内容是对能源计量器具基本信息的要求，对不同的行业、不同的用能单位、不同的设备可能还会有其他相关信息要在能源计量器具台账或一览表中反映出来，各用能单位可根据实际情况自行补充相关项目。

对于某些能源计量器具是由一个主机、若干个传感器组成，有的主机与传感器分离，在这种情况下，主机与传感器在能源计量器具台账或一览表中应分别列出，必要时在备注栏中加以说明。技术指标至少应包括测量范围及准确度等级。若为多档，应分档列出；若传感器、二次仪表分别有其准确度等级，也应分别列出。

能源计量器具一览表应是动态管理的，重点用能单位的能源计量器具地更换、检修、检定／校准及计量器具的状态都应及时在一览表中体现出来。

另外，《重点用能单位能源计量审查规范》主要是针对重点用能单位提出的能源计量要求，而重点用能单位绝大多数是规模较大的用能单位，对主要次级用能位和主要耗能设备能源计量器具的管理是重点用能单位能源管理的关键，由于主要次级用能单位和主要耗能设备的能源计量器具管理往往具有较强的专业性，所以要求要有相应的能源计量器具台账或一览表分表。

（三）档案管理

重点用能单位应建立完整的能源计量器具档案，内容包括：

1）计量器具使用说明书（可能时或需要时）；

2）计量器具出厂合格证书；

3）计量器具最近两个连续周期的检定／校准证书；

4）计量器具维护保养记录；

5）计量器具其他相关信息。

【要点详解】

随着现代科学技术的发展，能源计量器具的结构、功能和用途的变化越来越大，为了重点用能单位能够正确、合理地使用能源计量器具，则建立在用能源计量器具的档案是必要的，能源计量器具档案管理的好坏，可以从一个侧面反映重点用能单位能源计量管理水平的高低。

能源计量器具档案管理是一项技术性很强的工作，也是能源计量器具管理的基础之一，它反映每一台能源计量器具的历史和管理现状的信息总和，是关于能源计量器具的选择、安置、使用和维护等方面的文件集合。因此，《重点用能单位能源计量审查规范》要求重点用能单位应建立完整的能源计量器具档案。

能源计量器具档案所反映的信息可以是文字、电子、图片等形式的载体。

重点用能单位建立能源计量器具的档案信息要尽可能齐全，一般包括如下内容：

a. 计量器具使用说明书；

b. 计量器具出厂合格证；

c. 计量器具最近两个连续周期的检定（测试、校准）证书；

d. 计量器具维修记录；

e. 计量器具其他相关信息。

重点用能单位能源计量器具档案管理要有相应的规章制度，并有专门机构和专人负责档案管理，以保证档案信息的准确无误、真实可靠。档案应规定保存时间，用能单位可自行确定能源计量器具报废处理后的档案保存时间。

（四）标识管理

在用能源计量器具应在明显位置粘贴与能源计量器具台账或一览表编号对应的标识，并有检定／校准状态标识，以备查验和管理。

【要点详解】

在用能源计量器具粘贴管理标识和检定／校准状态标识有助于能源计量器具在使用中的控制，因此，重点用能单位应对在用能源计量器具在明显位置粘贴与能源计量器具台账或一览表编号对应的标识，并有检定／校准状态标识。

为了保证能源计量器具便于查验和管理，在能源计量器具上应粘贴与能源计量器具台账或一览表编号对应的标签。在标签上要加注编号，并与能源计量器具一览表中的数字编号相对应。

由于大多数能源计量器具安装的环境条件较差，标识的方法并不强求标贴，只要能达到识别能源计量器具和检定／校准状态的目的，采用其他识别形式也是可以的。如在安装处用示意图表示对应的能源计量器具。

参考文献

[1] 李张标，余善成，张进明，等 . 能源计量 [M]. 北京：中国质检出版社，2013.

[2] 徐龙，余柳，张克 . 机动车能源计量产品技术原理与应用 [M]. 中国质检出版社，2018.

[3] 张克，林军 . 能源计量与节能检测技术 [M]. 北京：中国质检出版社，2013.

[4] 张万路，温雄 . 能源计量百问 [M]. 北京：中国计量出版社，2007.

[5] 开普勒 . 能源计量经济学 [M]. 北京：中国经济出版社，2014.

[6] 尉忠友 . 工业企业能源计量与管理技术指南 [M]. 北京：中国环境科学出版社，2007.

[7] 丛大鸣 . 重点用能企业能源计量案典 100 例 [M]. 济南：山东大学出版社，2011.

[8] 魏吉声 . 能源计量与气动仪表维修 [M]. 北京：科学技术文献出版社，1989.

[9] 赵若江 . 测量管理体系认证与能源计量论文集 [M]. 北京：中国计量出版社，2008.

[10] 胡建栋，刘继兵 .《重点用能单位能源计量审查规范》实施指南 [M]. 北京：中国计量出版社，2012.

[11] 徐万成 . 能源计量经济学技术与应用 [M]. 昆明：云南人民出版社，2019.

[12] 万金笔 . 能源计量与管理技术 [M]. 延吉：延边大学出版社，2018.

[13] 汪洋 . 引领未来的新能源 [M]. 兰州：甘肃科学技术出版社，2014.

[14] 任庚坡，楼振飞 . 能源大数据技术与应用 [M]. 上海：上海科学技术出版社，2018.

[15] 董会忠 . 低碳背景下日本钢铁工业能源经济计量关系研究 [M]. 北京：国防工业出版社，2015.

[16] 吾满江·艾力，姚亚明，张俊敏 . 能源科学知识概论 [M]. 西安：陕西科学技术出版社，2013.